SIMPLY RAW!

Violaine Bergoin

SIMPLY RAW!

Rezepte ohne Kochen & Backen

Fotos: Guillaume Czerw
Foodstyling: Sophie Dupuis-Gaulier

südwest

EINLEITUNG

Dieses Buch enthält ausschließlich Rohkostrezepte. Daran lässt sich erkennen, dass sich das Bewusstsein für gesunde Ernährung verändert hat und viele Menschen neue Wege einschlagen wollen. Die Frischkost ist aber nicht nur eine alternative Ernährungsform, sondern bietet gleichzeitig einen verantwortungsbewussten Umgang mit Natur und Umwelt. Mit großem Vergnügen habe ich mich also an die Arbeit gemacht, um für Sie abwechslungsreiche, einfache und schnelle Rohkostgerichte zusammenzustellen. Bei den Rezepten habe ich mich ebenso von den Küchen der Welt wie von altbekannten Klassikern inspirieren lassen. In diesem Buch entdecken Sie eine gesunde, leichte Art des Essens, die gleichzeitig reichhaltig und abwechslungsreich ist und deren Kreativität, Energie und Aromenvielfalt Sie und Ihre Lieben überraschen wird. Ich wünsche Ihnen also schöne, überraschende Momente bei der Zubereitung und beim Genuss der veganen Rohkostküche.
Guten Appetit!

WARUM ROHKOST?

Mit Rohkost tun Sie Ihrem Körper viel Gutes: Der Verzehr von Nahrungsmitteln im natürlichen, rohen Zustand mit dem vollen Gehalt an Vitaminen, Mineralstoffen und sekundären Pflanzenstoffen sorgt für optimale Vitalität; die natürlichen Farben und Texturen durch die etwas andere Zubereitungsart tragen zum Wohlbefinden bei und haben so eine positive Wirkung auf die geistige und körperliche Gesundheit. Und schließlich macht es Spaß, Gerichte aus ausgewählten, unbehandelten, rohen Zutaten zuzubereiten.

Immer wieder taucht in der Rohkostwelt der Begriff „Fülle" auf und vermittelt den Eindruck, aus dem vollen Angebot der Natur schöpfen zu können, ohne sich etwas versagen zu müssen, solange man gut auf den eigenen Körper hört und auf dessen Bedürfnisse und Reaktionen achtet. Rohkost – oder Neudeutsch *Raw Food* – hat eine entgiftende Wirkung, weil sich die rohen Zutaten besonders einfach verdauen lassen, wenn sich Ihr Organismus erst einmal an die gesündere Kost gewöhnt hat. Hier gilt es, die richtigen Nahrungsmittelkombinationen für den Körper und seine Launen sowie geschmackliche Vorlieben zu berücksichtigen.

DIE URSPRÜNGE DER ROHKOST – EIN KLEINER ÜBERBLICK

Die Raw-Food-Bewegung kam vor ungefähr 20 Jahren in Kalifornien auf und schwappte von dort aus vor etwa zehn Jahren zu uns nach Europa, wo sich der Begriff der „lebendigen Nahrung" erst in Großbritannien, dann auch in Deutschland, Österreich und der Schweiz ausbreitete.

Dabei ist Rohkost eigentlich gar kein neuer Trend. Denn auch unsere Vorfahren in grauer Vorzeit ernährten sich, bevor sie das Feuer zu beherrschen lernten, ausschließlich von rohen Nahrungsmitteln. Die Ernährungsgewohnheiten waren sehr einfach und natürlich, weniger aufwendig, in mancherlei Hinsicht aber gesünder, und in diesem natürlichen Umfeld haben wir uns weiterentwickelt (unter Berücksichtigung potenzieller Mangelerscheinungen). Viele dieser Ernährungsformen finden sich in den aktuellen Ernährungstrends wieder, wie etwa der Rohkost, der Steinzeiternährung (Paleodiät) oder der instinktiven Ernährung (Instinktotherapie).

Ich halte es für durchaus sinnvoll, mit unterschiedlichen Ernährungsarten zu experimentieren, um herauszufinden, was gut für unseren Körper, unseren Stoffwechsel, unsere geistige Gesundheit usw. ist.

In jedem Fall ist es ratsam, sich zunächst gründlich zu informieren, bevor man sich körperlich und mental in das Abenteuer einer neuen Ernährungsform gleich welcher Art stürzt. Glücklicherweise stehen uns heute alle Möglichkeiten zur Verfügung, um herauszufinden, was uns und unserer Persönlichkeit guttut und sich mit unserem Alltag und unserer Lebensweise vereinbaren lässt.

ROH ESSEN, ABER WIE?

In der veganen Rohkosternährung wird häufig von „Kombinationen" gesprochen. Eine der Grundvoraussetzungen für einen gut funktionierenden Organismus ist eine gesunde Verdauung, denn alles, was schwer verdaulich, zu fettig oder zu zuckerhaltig ist, belastet unsere Organe und vergiftet unsere Zellen.
Der Vorteil der Rohkosternährung ist, dass die meisten Nahrungsmittel, wenn sie in der richtigen Reihenfolge und in idealer Kombination verzehrt werden, die Verdauung leichter machen. Hören Sie auf Ihren Körper – er ist Ihr bester Ratgeber in Sachen Ernährung!
Entgegen vieler Meinungen kann der tägliche Nährstoffbedarf durchaus mit Rohkost gedeckt werden. Insbesondere Ölfrüchte, aber auch Sprossen und Keimlinge, Obst und Gemüse liefern viele pflanzliche Proteine und andere essenzielle Nährstoffe. Darüber hinaus verspüren Sie, sobald Sie sich einige Tage mit Rohkost ernährt haben, ein schnelles Sättigungsgefühl. Die Portionen, insbesondere von Zubereitungen mit guten Fetten, sind überschaubar (normalerweise faustgroß) und sorgen für eine angenehme, leichte Sättigung.
Wenn Sie nicht auf Fleisch und Fisch verzichten wollen, können Sie sie ohne Probleme in Ihre Rohkosternährung einbauen. Dieses Buch liefert neue vegane Rohkostideen, lässt Ihnen aber auch die Freiheit, ein Carpaccio oder eine Ceviche dazu zu servieren.

Entgegen vieler Meinungen kann der tägliche Nährstoffbedarf durchaus mit Rohkost gedeckt werden.

Es empfiehlt sich, eine Diät, eine Fastenkur oder eine neue Ernährungsform mit ein paar Übergangstagen einzuläuten. Das ist zwar nicht unbedingt erforderlich, aber gerade Personen, die schweres, fettiges Essen gewöhnt sind, können sich so besser vorbereiten und ihrem Körper die Zeit geben, sich nach und nach an die veränderte Kost zu gewöhnen. Vor der endgültigen Umstellung auf Rohkost ist es von Vorteil, sich ballaststoffreich zu ernähren, Brot, Nudeln und Reis durch entsprechende Vollkornvarianten zu ersetzen, mehr Avocado und weniger Käse zu essen, weißen Zucker durch natürliche Süßungsmittel wie Datteln, Ahornsirup, Kokosblütenzucker, Agavendicksaft oder auch Honig (für Nichtveganer) zu ersetzen.
Bereits in dieser Phase können Sie beobachten, wie sich die Vorreinigung auf Ihr körperliches Befinden auswirkt. Bauen Sie dann langsam frische Säfte und Obst zum Frühstück und als Nachmittagsimbiss ein und ersetzen Sie schlechte Fette durch Nüsse, Saaten und Avocado, Kokosfett und Rohkakao. Wenn Sie nicht auf Käse verzichten wollen, greifen Sie vorzugsweise zu Schafs- oder Ziegenkäse, die wesentlich leichter verdaulich sind. Essen Sie dazu einen großen grünen Salat oder rohes Gemüse, die eine leichtere Kombination ergeben als mit Brot. Gleiches gilt auch für Fleisch und alle anderen tierischen oder pflanzlichen Proteine: Vermeiden Sie die Kombination mit stärkehaltigen Produkten und servieren Sie stattdessen einen großen Salat oder gedämpftes Gemüse dazu, damit der Körper die Proteine leichter verdauen kann.
Die Grundregel in der Raw-Food-Küche lautet: vorzugsweise grünes Gemüse, dann Obst und anderes rohes Gemüse in unbegrenzten Mengen. Dann folgen in Maßen gekeimte Saaten und Hülsenfrüchte. Sie sind aufgrund ihres hohen Gehalts an Proteinen unverzichtbar und ersetzen bei Vegetariern und Veganern tierische Proteine. Nüsse und Ölfrüchte liefern sehr viele gesunde Fette und übernehmen die Rolle von Milchprodukten und Eiern.

❶ Walnüsse
❷ Paranüsse
❸ Pekannüsse
❹ Cashewkerne
❺ Macadamianüsse
❻ Sonnenblumenkerne
❼ ganze und gemahlene
   Mandeln

KÜCHENGERÄTE

Das wichtigste Hilfsmittel bei der Zubereitung der Rezepte in diesem Buch ist ein leistungsstarker Standmixer oder eine Küchenmaschine mit Mixaufsatz (oder Blitzhacker), der sich insbesondere bei der Verarbeitung von Ölfrüchten und Nüssen bezahlt macht, die in vielen Rezepten fein gemahlen werden.

Daneben kommen bei der Verarbeitung roher Zutaten gängige Küchengeräte und Utensilien zum Einsatz, wie sie in jeder Küche zur Grundausstattung gehören: scharfe Messer, Mandoline bzw. Hobel, Sparschäler und Schneidebrett.

Außerdem werden Utensilien wie Tortelettförmchen, Backringe unterschiedlicher Größe, Springformen, Silikonförmchen für Pralinen u. Ä. gebraucht. Lassen Sie sich beim Anrichten der Speisen von Ihrer eigenen Kreativität leiten, schließlich ist Frischkost auch eine Ausdrucksform der persönlichen Lebensweise, bei der alles erlaubt und möglich ist.

Für aufwendigere Kreationen empfehlen wir die Anschaffung speziellerer Utensilien wie ein Spiralschneider, mit dem sich mit unterschiedlichen Schneideeinsätzen Gemüse- und Obst-Spaghetti und -Bandnudeln herstellen lassen.

Eine Technik, die in der Rohkostwelt häufiger zum Einsatz kommt, ist das Trocknen im Dörrapparat, der wie ein Niedrigtemperaturofen funktioniert und in dem Nahrungsmittel oder Zubereitungen längere Zeit bei niedriger Temperatur (nicht höher als 42 °C) getrocknet werden, um den Verlust an Vitaminen, Mineralien und Enzymen zu minimieren. Dadurch entstehen außergewöhnliche Texturen, die, direkt aus dem Dörrapparat kommend, an gegarte Zubereitungen erinnern und ein Gefühl von warmem (oder eher lauwarmem) Essen vermitteln.

In diesem Band werden Säfte in der Art von Smoothies zubereitet, sprich im Mixer und nicht mit einem Entsafter mit Pressschnecke oder Zentrifuge, da vermutlich die wenigsten unter Ihnen ein solches Gerät zu Hause haben. Deshalb geben wir zu unseren Säften etwas mehr Wasser und Agavendicksaft hinzu, damit sie eine flüssigere Konsistenz erhalten. Wer möchte und wer die Zeit hat, kann den unverdünnten Smoothie durch ein Musselintuch oder ein feines Haarsieb passieren, um den reinen Saft zu erhalten. Der Trester lässt sich für andere Zubereitungen, beispielsweise eine Salat- oder eine Currysauce, verwenden. Der Vorteil von Säften ist, dass die wertvollen Inhaltsstoffe sehr schnell vom Körper resorbiert werden können. Die Vitamine gelangen schnell ins Blut, reinigen unsere Körperzellen und tragen so zum Abbau von Giftstoffen bei. Allerdings oxidieren Säfte relativ schnell, weshalb sie möglichst direkt nach der Zubereitung getrunken werden sollten, um ein Maximum an Vitalstoffen zu genießen.

> Der Vorteil von Säften ist, dass sie gut vom Körper resorbiert werden können. Die Vitamine gelangen schnell ins Blu und reinigen die Körperzellen

NÜSSE UND ÖLFRÜCHTE

Nüsse und Saaten sind reich an Omega-3-Fettsäuren, Ballaststoffen und Proteinen. Sie machen ungefähr ein Viertel bis zu einem Drittel der Rohkosternährung aus, da sie gleichermaßen als Ersatz für Fleisch- und Milchprodukte dienen. Sie lassen sich zu unterschiedlichen Texturen verarbeiten: gemahlen, als Paste oder Creme, als Käse, streichfähige Nuss- und Saatenbutter etc., und sind überall im Handel erhältlich. Falls Ihr Mixer nicht leistungsstark genug ist, kaufen Sie einfach fertig gemahlene Haselnüsse oder Mandeln. Andere exotischere Produkte sind nicht an jeder Ecke zu kaufen, wie frische Kokosnuss, die in bestimmten Desserts die Avocado ersetzen kann. Kokoswasser und -milch sind aufgrund ihrer diuretischen

Eigenschaften und ihres hohen Mineralstoffgehalts ausgezeichnete Getränke.

Verwenden Sie nicht nur Walnüsse, sondern experimentieren Sie auch mit Mandeln, Erdnüssen, Haselnüssen, Macadamia- oder Paranüssen usw.

Bei den Saaten sind insbesondere Chiasamen, Mohnsaat, gelbe und braune Leinsamen, Kürbiskerne, Sesamsaat, Hanfsamen und Sonnenblumenkerne interessant; sie alle enthalten größere Mengen Omega-3-Fettsäuren, Ballaststoffe und Proteine. Am gängigsten und auch am günstigsten sind Sonnenblumenkerne, die sich sowohl in süßen wie auch salzigen Zubereitungen verarbeiten lassen. Sie sind eine ausgezeichnete Alternative zu schlechten (gesättigten tierischen) Fetten, denn sie enthalten reichlich ungesättigte Fettsäuren und Phytosterole, die zur Senkung des Cholesterinspiegels beitragen. Das Einweichen von Nüssen und Saaten ist von Vorteil, aber nicht unbedingt erforderlich, zumal es vielen lästig ist, weil es Zeit erfordert. Auf jeden Fall sollten Nüsse und Saaten vor Gebrauch abgespült und abgetropft werden.

Sinn und Zweck des Einweichens (idealerweise mindestens 30 Minuten vor Gebrauch, wenn nicht wie in der Tabelle unten angegeben) ist es, wieder Leben in die getrockneten Nahrungsmittel zu bringen und die wertvollen Fette zu aktivieren. So werden sie leichter verdaulich, denn neben ihren gesunden Fetten enthalten sie auch viele Vitamine, Proteine und Mineralien. Wenn Sie nur eine kleine Menge Nüsse oder Saaten verwenden, wie beispielsweise für einen Smoothie, kann auf ein vorheriges Einweichen verzichtet werden. Wenn Sie aber Zeit haben, ist es vor allem für die Verdauung von Vorteil. Eingeweichte Nüsse lassen sich außerdem einfacher im Mixer verarbeiten. Andernfalls raten wir, die Nüsse in jedem Fall zu waschen und abzuspülen.

KEIMLINGE UND SPROSSEN

Es kann nicht häufig genug hervorgehoben werden, wie wertvoll Keimlinge und Sprossen sind. Wenn Sie keine Zeit haben, selbst welche zu ziehen, können Sie sie fertig abgepackt in gut sortierten Supermärkten kaufen. Allerdings sind Keimlinge und Sprossen aus eigener Züchtung frischer und vitaminreicher. Ihre positiven Eigenschaften sind so vielfältig, dass man sie möglichst täglich in den Speiseplan einbauen sollte. Wie auch Nüsse enthalten sie viele Proteine, Vitamine, Mineralien und Ballaststoffe.

EINWEICH- UND KEIMZEIT

MANDELN
8–12 Std. » keimen nach 2–3 Tagen

HANFSAMEN
12 Std. » keimen nach 5–7 Tagen

KÜRBISKERNE
8 Std. » keimen nach 24 Std.

LEINSAMEN
8 Std. » keimen nach 2–3 Tagen

SESAMSAAT
6 Std. » keimen nach 24 Std.

SONNENBLUMENKERNE
2 Std. » keimen nach 24 Std.

HASELNÜSSE
8–12 Std. » keimen nicht

ERDNÜSSE
2–3 Std. » keimen nicht

WALNÜSSE
8 Std. » keimen nicht

MACADAMIANÜSSE
8–12 Std. » keimen nicht

PEKANNÜSSE
4–6 Std. » keimen nicht

PARANÜSSE
8 Std. » keimen nicht

PINIENKERNE
ohne Einweichen » keimen nicht

PISTAZIEN
ohne Einweichen » keimen nicht

Zahlreiche Keime und Samen lassen sich gut keimen:

- **Hülsenfrüchte:** Alfalfa (oder Luzerne), Bockshornklee, Mungbohnen, Azukibohnen (rote japanische Bohne), Linsen, Kichererbsen
- **(Pseudo-)Getreide:** Hafer, Buchweizen, Quinoa, Reis
- **Ölfrüchte:** Sesam, Sonnenblumen, Mandeln
- **Gemüse:** Brokkoli, Karotten, Bleichsellerie, Knollensellerie, Spinat, Fenchel, Zwiebel, Lauch
- **Kreuzblütler:** Senf, Rettich
- **Sonstige:** Kresse, Leinsamen, Rucola, Hanf

KEIMLINGE UND SPROSSEN ZIEHEN

Es gibt zwei Möglichkeiten, Sprossen und Keimlinge zu ziehen: in einem Glas oder in einem Keimapparat (oder Sprossenturm) mit mehreren aufeinandergestapelten Keimschalen.
Bei der Anzucht im Keimapparat 1–2 Esslöffel Samen/Keime über Nacht wässern, dann gut abspülen. Dann in der/den Keimschale(n) verteilen und 24–72 Stunden im Dunkeln stehen lassen. Dabei alle 6 Stunden die oberste Schale wässern und das Wasser sorgfältig aus der untersten ablaufen lassen. Am letzten Tag den Apparat ans Tageslicht stellen (keine direkte Sonneneinstellung, weil dadurch das Wachstum der Sprossen beeinträchtigt wird). Den Apparat gegen Ende der Keimzeit möglichst nicht bewegen, damit die Keimlinge ungestört wachsen und sich schön ausbilden können. Fertig gekeimte Sprossen abspülen und abgetropft im Kühlschrank aufbewahren.
Alternativ ein etwa 20 cm hohes Schraubglas verwenden. 2 Esslöffel Samen nach Wahl hineingeben und knapp mit Wasser bedecken. Das Glas mit einem Stück luftdurchlässigem Stoff bedecken und mit einem Gummiband befestigen. Dann wie beim Verfahren mit dem Keimapparat fortfahren.

MARINADEN UND FERMENTATION

Marinaden (in der Regel aus Salz, Zitronensaft und Öl) werden häufig in der Rohkostküche eingesetzt, um Nahrungsmittel zu „garen".
Die Fermentation ist in der Rohkostküche ebenfalls sehr beliebt, denn Milchsäurebakterien haben eine positive Wirkung auf die Darmflora und stärken das Immunsystem. Des Weiteren gibt es fermentierte Getränke wie Kombucha oder Kefir, die eine ausgezeichnete gesundheitliche Wirkung haben und in jedem gut sortierten Supermarkt erhältlich sind. Fermentationstechniken werden auf vielen Internetseiten beschrieben und sind hochinteressante Experimentierfelder für besonders neugierige Rohköstler.

SUPERFOODS

Superfoods sind eine Gruppe von Nahrungsmitteln mit besonders großer Nährstoffdichte und gesundheitsförderlicher Wirkung. Sie sollen individuell und nach Tagesbedarf dosiert werden. Um einen maximalen Effekt zu erreichen, können Sie auch eine mehrtägige (im Idealfall 4-wöchige) Kur durchführen. Superfoods sind in Biosupermärkten, Reformhäusern oder online erhältlich, meist in Pulver, Tabletten- oder Kapselform und sollten vorzugsweise ohne Erhitzen eingenommen bzw. verarbeitet werden, damit die Inhaltsstoffe erhalten bleiben. Ich rate Ihnen, sich vor Kauf und Einnahme ausführlich über Wirkstoffe und Einnahme zu informieren. Zwar sind Superfoods keine Medikamente, doch haben sie bei manchen Personen eine intensive Wirkung. Es empfiehlt sich also unbedingt, die Dosierungshinweise zu beachten.

Spirulina	• Blaugrüne Algenart, enthält dreimal mehr Protein als Fleisch und Fisch. Sehr beliebt bei Sportlern, weil sie die Muskelfunktion fördert und Muskelkater vorbeugt. Enthält außerdem viel Eisen, Karotinoide, Oligoelemente, Magnesium, Vitamine und Antioxidantien. • Als Tabletten, Pulver oder Kapseln erhältlich. Empfohlene Dosierung: 1–4 TL pro Tag.
Klamath	• Blaugrün schillernde Afa-Alge aus dem Klamath-See in Oregon (USA). Reich an Vitamin B_{12}, fördert die Konzentrationsfähigkeit, unterstützt die Immunabwehr, hilft bei chronischer Müdigkeit. • Empfohlene Dosierung: 2 TL täglich aufgelöst in 1 Liter Mineralwasser.
Chlorella	• Hellgrüne Süßwasseralge. Sehr gute Mineralstoffquelle, enthält viele Proteine und Vitamine. Bindet Schwermetalle im Organismus und leitet sie aus. Ideal bei Reduktionsdiäten. • Empfohlene Dosierung: 1 TL aufgelöst in 500 ml Wasser. Ein Glas vor jeder Mahlzeit trinken. Dunkel aufbewahren.
Kakao	• Roher, ungerösteter Kakao enthält große Mengen Magnesium, Eisen, Zink und Phenylethylamin. Stimuliert kognitive Fähigkeiten und agiert als Antistressmittel. Reich an Antioxidantien und Theobromin, das eine anregende Wirkung hat. • Als Pulver ideal für Saucen und Süßspeisen.
Peruanisches Carob	• Das Pulver aus den Samen des Carobbaums sorgt in Desserts für eine feine Karamellnote. Verdauungsfördernd. • Empfohlene Dosierung: 1 EL in Smoothies und Milchshakes. Lecker auch in allen Desserts und Backwaren.
Guarana	• Wesentlich stärker anregende Wirkung als Kaffee und deshalb sparsam zu dosieren. Wegen des bitteren Geschmacks sollte es in süßen Getränken aufgelöst eingenommen werden. Effektiver Fettverbrenner. • Empfohlene Dosierung: ½ TL in Smoothies oder Milchshakes.
Lucuma	• Sorgt mit reichlich Proteinen, Betakarotin, Vitamin B_3, Phosphor und Ballaststoffen für gute Laune. • Empfohlene Dosierung: 1 EL Pulver in Smoothies oder Milchshakes.
Maca	• Das Pulver aus der südamerikanischen Wurzel wirkt hormonregulierend. Hilft bei schmerzhafter Regelblutung. Reich an Magnesium, Proteinen und Vitamin C. • Empfohlene Dosierung: 1 TL Pulver in Smoothies oder Milchshakes.
Nopalkaktus	• Unterstützt die Verdauung, wirkt auch als Appetitzügler. • Empfohlene Dosierung: 1–2 TL aufgelöst in Saucen, Vinaigretten. Hat eine eindickende Wirkung.
Urucum	• Reich an Betakarotin, unterstützt die Hautgesundheit. Kann auch äußerlich angewendet werden. • Empfohlene Dosierung: 1–2 EL Urucumsamen eingeweicht in einem Öl nach Wahl.
Acerola	• Liefert sehr große Mengen Vitamin C zur Unterstützung der Abwehrkräfte. • Fügt Salaten, insbesondere geraspelten Karotten, eine feinsäuerliche Note hinzu. Pulver kann in Karotten- oder Apfelsaft aufgelöst werden.
Acai	• Enthält sehr viel Vitamin C und ist reich an Antioxidantien. • Als Pulver ausgezeichnet in Smoothies und Milchshakes. Möglichst im Kühlschrank lagern.
Gojibeeren	• Diese kleine, aus China stammende, orange Beere enthält sehr viel Kalzium (mehr als Milch), Aminosäuren, Antioxidantien, Betakarotin und die Vitamine C und E. Stärkt das Immunsystem. • Empfohlene Dosierung: 2–3 EL pro Tag in Chiapudding, Pulver zum Bestäuben von Salaten und Backwaren.
Chiasamen	• Eingeweicht in Pflanzenmilch sehr gut für die Verdauung. Sehr reich an Proteinen und Omega-3-Fettsäuren. • In Porridges, Puddings und Saucen können die Samen als Verdickungsmittel dienen.
Kurkuma (Gelbwurz)	• Fördert die Verdauung, wirkt antikarzinogen und antioxidativ. Frisch gerieben oder als Pulver. • 3 g täglich als Aufguss, in Saucen, Suppen oder in Säften.
Ingwer	• Das Rhizom der Ingwerpflanze ist reich an Kupfer, Mangan und enthält viele Antioxidantien. Als Pulver oder frisch gerieben. Wirkt entzündungshemmend. • Als Aufguss oder frisch.

Acerola

Peruanisches Carob

Spirulina

Chiasamen

Acai

FRÜHLING

KOKOSRIEGEL

Diese Riegel aus Mandeln und Kokosfleisch sind ganz einfach zuzubereiten. Sie stillen schnell den Hunger und liefern neue Energie, weshalb sie sich gut zum Frühstück oder als kleiner Nachmittagssnack zu einer Tasse Tee eignen.

Für 4 Riegel

Zubereitungszeit 30 Min.
Geräte Mixer

- 100 g Mandelblättchen
- 4 Medjool-Datteln
- 100 g Kokosraspel
- 1 Prise Salz
- 2 EL Gojibeeren
- 2 EL getrocknete Cranberrys

Für die Garnierung
- Kürbiskerne
- Gojibeeren
- schwarze und weiße Sesamsaat
- Rosinen

● Mandeln, Datteln, Kokosraspel und Salz im Mixer der Küchenmaschine zu einer Paste verarbeiten.

● Die Masse in eine Schüssel füllen. Gojibeeren und Cranberrys untermischen.

● Die Masse zu rechteckigen Riegeln formen und mit Zutaten nach Wahl bestreuen.

● Die Riegel kühl lagern.

Varianten
Anstelle von Riegeln können Sie die Masse auch zu Kugeln formen und in Kokosraspeln wenden. Diese Riegel oder Kugeln – neudeutsch: *Energy Balls* – verleihen Ihnen schnell neue Energie, wenn Sie einen kleinen Durchhänger haben.
Sie können die Masse auch mit einem Teigroller ausrollen und nach Belieben Formen ausstechen.

PORRIDGE

Porridge ist ein Getreidebrei, wie er im angloamerikanischen Raum gern als Frühstück serviert wird. Diese Rohkostversion ist eine komplette, vollwertige Mahlzeit und ein idealer Start. Sie können den Brei nach Belieben mit feinen Apfelspalten, Bananen- oder Kiwischeiben verfeinern. In unserem Rezept verwenden wir selbst hergestellte Mandelmilch, natürlich können Sie auch jede andere Pflanzenmilch aus dem Handel verwenden. Eine sehr gute und aromatische Wahl ist zum Beispiel Kokosmilch. Chiasamen sind eine vorzügliche Quelle für Omega-3-Fettsäuren und liefern reichlich Ballaststoffe, Kalzium und Eisen.

Für 2 Personen

Zubereitungszeit 30 Min.
Ruhezeit 20 Min.
Geräte Mixer

• 4 EL Rosinen
• 4 EL geraspeltes Kokosfleisch
• 50 ml heißes Wasser
• 5 EL Chiasamen
• 4 EL Agavendicksaft
• 2 Prisen Zimt
• 2 EL Tahini

Für die Mandelmilch
• 70 g gemahlene Mandeln
• 4 EL Agavendicksaft
• 100 ml Wasser

Für die Garnierung
• Hanfsamen
• Sesamsaat
• Gojibeeren
• Kokoschips

● Rosinen und Kokosfleisch mit dem heißen Wasser überbrühen und 10 Minuten quellen lassen.

● Die Zutaten für die Mandelmilch in den Mixer geben und glatt pürieren.

● Die Chiasamen in einer großen Schüssel kurz in der Mandelmilch quellen lassen, dann umrühren und weitere 20 Minuten quellen lassen.

● Die restlichen Zutaten für den Porridge untermischen.

● Den Porridge nach Wahl mit Hanfsamen, Sesam, Gojibeeren oder Kokoschips garnieren.

Varianten
Sie können die Pflanzenmilch statt mit gemahlenen Mandeln auch mit gemahlenen Haselnüssen zubereiten. Für ein intensiveres Aroma arbeiten Sie das Mark einer Vanilleschote in die Pflanzenmilch ein.

GRÜNER DETOX-SAFT

Dieser grüne Gemüsesaft unterstützt den Abbau von Giftstoffen im Körper besonders wirkungsvoll, wenn er gleich nach dem Aufstehen getrunken wird. Außerdem verleiht er Ihnen am Morgen neue Energie für den ganzen Tag. Mit seinen vielen Vitaminen und anderen Vitalstoffen vertreibt er schnell alle Müdigkeit.

Für 2 Personen

Zubereitungszeit 5 Min.
Geräte Mixer

- 2 Äpfel, in Stücken
- 1 Gurke, in Stücken
- 100 g junge Spinatblätter (oder Kopfsalat)
- Saft von 1 Zitrone
- 1 TL frisch geriebener Ingwer
- 100 ml Wasser

● Alle Zutaten in den Mixer geben und glatt pürieren.

● Gegebenenfalls durch ein feines Sieb passieren.

● In Gläser mit Eiswürfeln füllen und sofort servieren.

Varianten
Wenn Sie Bioware verwenden, müssen Äpfel und Gurke nicht geschält werden. In und direkt unter der Schale stecken nämlich besonders viele Vitalstoffe. Sie können den Spinat (oder Kopfsalat) durch Grünkohl, Wirsing oder anderes grünes Blattgemüse ersetzen.

Grüner Detox-Saft

Komfort-Smoothie

KOMFORT-SMOOTHIE

Dieser Smoothie mit den vielen Superzutaten und den herrlich warmen, verwöhnenden, süßen Aromen eignet sich bestens als erstes Getränk direkt nach dem Aufstehen, insbesondere wenn Sie Guarana zufügen, dessen Koffeingehalt eine anregende Wirkung auf den Organismus hat. Lucumapulver sorgt für Wärme und gute Laune. Macapulver ist reich an Proteinen und Magnesium und hat eine positive Wirkung auf den Hormonhaushalt. Peruanischer Carob (weißer Carob) ist verdauungsfördernd und verleiht Desserts und Smoothies eine feine Karamellnote.

Für 2 Personen

Zubereitungszeit 5 Min.
Kühlzeit 30 Min.
Geräte Mixer

• 2 Bananen
• 4 EL Agavendicksaft
• 1 EL Hanfsamen
• 1 TL Tahini
• 1 TL Carob
• 1 TL Lucumapulver
• 1 TL Macapulver (optional)
• 1 Prise Guaranapulver (optional)
• 150 ml Wasser

Für die Garnierung
• Zimtpulver
• Hanfsamen

● Die Bananen schälen und in Scheiben schneiden.

● Mit den restlichen Zutaten in den Mixer geben und glatt pürieren.

● Über Eiswürfel in Gläser füllen und vor dem Servieren mit Zimtpulver und Hanfsamen garnieren.

Tipps

Sie können die Superzutaten in diesem Smoothie einzeln oder paarweise nacheinander ausprobieren, beispielsweise in einem Milchshake mit Haselnuss- oder Mandelmilch gerührt, um zu sehen, welche Wirkung sie bei Ihnen entfalten. Stimmen Sie Zutaten und Dosierung dann auf Ihre Bedürfnisse und Ihren Geschmack ab.
Die Kombination der hier verwendeten vier Superzutaten hat in der richtigen Dosierung eine wunderbar positive Wirkung auf Ihren Organismus.

GRÜNER GAZPACHO

Diese einfach zuzubereitende Kaltschale eignet sich als Vorspeise oder Zwischengang bei einem Menü und bringt müde Geister wieder in Schwung. Das verwendete Spirulinapulver liefert nicht nur reichlich Vitamin B_{12} und gesunde Proteine, sondern sorgt auch für die frische grüne Farbe.

Für 2 Personen

Zubereitungszeit 5 Min.
Geräte Mixer, feines Sieb

- 1 Gurke, in Stücken
- 1 kleine Knoblauchzehe, fein gehackt
- Saft von 1 Zitrone
- 2 EL Olivenöl
- 1 Prise Piment d'Espelette oder Cayennepfeffer
- 1 Prise Pfeffer
- 1 Prise Salz
- 100 ml Wasser
- 1 EL Spirulinapulver

● Alle Zutaten bis auf das Spirulinapulver in den Mixer geben und glatt pürieren.

● Für eine glattere Textur durch ein feines Sieb passieren.

● Das Spirulinapulver erst direkt vor dem Servieren kurz untermixen. Gekühlt servieren.

Tipp

Sie sollten das Spirulinapulver erst unmittelbar vor dem Servieren in den Gazpacho einarbeiten, damit seine wertvollen Inhaltsstoffe und die intensive Farbe erhalten bleiben.

Variante

Experimentieren Sie mit der blaugrünen Farbpalette unterschiedlicher Algensorten: Sie können das Spirulinapulver durch Chlorella- oder Klamathpulver ersetzen. Diese beiden Algensorten gelten ebenfalls als Superfood und liefern viele wertvolle Vitalstoffe. Chlorella hat eine vorzügliche entgiftende Wirkung, während Klamath sich günstig auf Konzentration und Denkvermögen auswirkt. Alle Algensorten verleihen Ihren Gazpachos eine schöne, interessante Farbe.

THAILÄNDISCHE FRÜHLINGS-ROLLEN UND KRAUTSALAT

Der Krautsalat erhält durch Zitronengras und Chili eine feine asiatische Note. Nach Belieben können Sie dem Salat noch Acerolapulver zufügen und so für eine zusätzliche ordentliche Dosis Vitamin C sorgen (Acerola enthält 10- bis 40-mal mehr Vitamin C als Orangen).

Für 4 Personen

Zubereitungszeit 20 Min.
Geräte Mixer

Für den Krautsalat
• 1 Weißkohl
• 4 große Karotten
• 1 Apfel
• 2 EL Kürbiskerne

Für die Mayonnaise
• 100 g Cashewkerne
• 2 EL Apfelessig
• 1 Prise Senfkörner
• 1 EL Meerrettich (optional)
• 1 EL Acerolapulver (optional)
• 1 EL fein gehackter frischer Ingwer
• 1 kleine Knoblauchzehe, gehackt
• 1 Stängel Zitronengras, gehackt
• 1 rote Chili, entkernt
• 1 Prise Pfeffer
• 1 Prise Salz

Für die Chilisauce
• 1 rote Chili, entkernt
• 2 getrocknete Tomaten (optional)
• 3 EL Agavendicksaft
• Saft von 1 Zitrone

Für die Frühlingsrollenfüllung
• 200 g gemahlene Mandeln
• 100 g gehackte Walnüsse
• 1 Prise chinesisches Fünf-
  Gewürze-Pulver
• 1 Prise Cayennepfeffer
• 1 Bund frischer Koriander, gehackt
• 1 EL Sojasauce
• 1 EL Zitronensaft

Für die Garnierung
• Alfalfasprossen
• Sesamsaat

● Einige schöne Blätter vom Kohlkopf für die Frühlings-rollen abnehmen. Für den Krautsalat den restlichen Kohl hobeln, die Karotten raspeln. Den Apfel in feine Stifte schneiden. Alles in eine Schüssel geben, die Kürbiskerne zufügen und alles vermengen. Kalt stellen.

● Für die Mayonnaise die Cashewkerne mit den restlichen Zutaten in den Mixer geben und glatt pürieren. Die Mayonnaise sorgfältig unter den Krautsalat mischen.

● Für die Chilisauce alle Zutaten in den Mixer geben und glatt pürieren.

● Für die Frühlingsrollenfüllung die Zutaten in eine Schüssel geben und sorgfältig vermengen. Je 2 Esslöffel davon auf die Kohlblätter setzen. Die Kohlblätter seitlich einschlagen und aufrollen. Nach Belieben quer durchschneiden.

● Mit Alfalfasprossen und Sesam bestreuen.

● Die Frühlingsrollen mit Krautsalat und Chilisauce servieren.

Variante
Sie können die Kohlblätter durch breite Zucchini-, Gurken- oder Schwarzrettichbänder ersetzen. Dafür das Gemüse längs mit einer Mandoline oder einem Hobel in feine Scheiben schneiden. Etwas Füllung auf ein Ende setzen und die Bänder aufrollen. Wenn Sie diese Rollen dann aufrecht auf einem Teller anrichten, erhalten Sie eine Art Rohkost-Sushi.

MEZZE: GEMÜSETABOULÉ, FALAFELN, ZUCCHINI-HUMMUS

Was für Spanien die Tapas sind, sind Mezze für den Nahen Osten. Die Häppchen bilden eine nahrhafte und einfach zuzubereitende Mahlzeit und eignen sich auch prima zu einem Gläschen Wein in geselliger Runde.

Für 4 Personen

Zubereitungszeit 30 Min.
Geräte Mixer

Für die Falafeln
- 400 g Sonnenblumenkerne
- 100 g Sesamsaat
- 1 kleine Knoblauchzehe, zerdrückt
- 2–3 EL fein gehackte Zwiebeln
- 1 Bund frischer Koriander, fein gehackt
- 1 Bund frische Minze, fein gehackt
- Saft von 1 Zitrone
- 1 Prise Cayennepfeffer
- 1 Prise Salz

Für den Zucchini-Hummus
- 1 Zucchini
- 1 kleine Knoblauchzehe, zerdrückt
- 2 EL Tahini
- 2 EL Olivenöl
- 1 TL Kreuzkümmelsamen
- Saft von 1 Zitrone
- 1 Prise Cayennepfeffer
- 1 Prise Salz
- 1 Prise Paprika, zum Bestäuben

Für das Taboulé
- 1 kleiner Blumenkohl
- 1 kleiner Brokkoli
- 100 g Rosinen
- 5 getrocknete Tomaten, in lauwarmem Wasser eingeweicht
- Saft von 1 Zitrone
- 1 Handvoll fein gehackte frische Minze
- 1 Handvoll fein gehackte frische Petersilie
- 1 Prise Ras-el-Hanout oder Zimt
- 1 Prise Piment d'Espelette oder Cayennepfeffer
- 1 TL Paprikapulver
- 4 EL Olivenöl
- 1 Prise schwarzer Pfeffer
- 1 Prise Salz
- 1 Prise Kümmel

Für die Garnierung
- 6 Cocktailtomaten
- 1 rote Paprika, in sehr feinen Würfeln oder Streifen
- entsteinte schwarze Oliven, in Ringen
- frische Koriander- und Petersilienblätter

● Für die Falafeln alle Zutaten in eine Schüssel geben und sorgfältig vermengen. Von Hand kleine Kugeln aus der Masse formen und mit den Zinken einer Gabel leicht eindrücken.

● Für den Hummus die Zucchini schälen und in Scheiben schneiden. Mit den restlichen Zutaten in den Mixer geben und glatt pürieren. In eine Schale füllen und bis zum Servieren im Kühlschrank aufbewahren (erst dann mit etwas Paprikapulver bestäuben).

● Für das Taboulé Blumenkohl und Brokkoli in Röschen teilen. Die Röschen fein hacken, sodass sie in etwa die Größe von Couscouskörnern haben. Die Stiele können für einen anderen Zweck, etwa eine Suppe, verwendet werden. Die gehackten Röschen mit denen restlichen Zutaten in eine große Schüssel geben und sorgfältig vermengen.

● Mit Cocktailtomaten, Paprika, Oliven und Koriander oder Petersilie garnieren. Bis zum Servieren kalt stellen.

● Taboulé, Hummus und Falafeln mit Zitronenspalten auf Tellern anrichten. Mit Koriander- und Petersilienblättern garnieren.

Tipps

Den Hummus können Sie mit Gurken- und Karottenstiften servieren. Die anderen Zubereitungen schmecken mit einem kleinen grünen Salat mit Rucola- und Alfalfasprossen.
Wenn die Falafeln weicher werden sollen, lassen Sie sie 8 Stunden im Dörrapparat oder 4 Stunden bei 100 °C im Backofen trocknen. Dabei sollten sie nach der Hälfte der Garzeit gewendet werden.
Servieren Sie diese Mezze mit einer indischen Gurkenraita oder Zaziki.

RÜBLITORTE

Diese saftige Torte steckt voller aromatischer Gewürze und ist eine Symphonie aus frischen Frühlingsfarben – eine genüssliche Art, sich mit reichlich Betakarotin und Vitamin A zu versorgen!

Für 6 Personen

Zubereitungszeit 1 Std.
Kühlzeit 1 Std.
Geräte Mixer, 1 Backring (Ø 22 cm) oder 2 kleine Backringe

Für die Kuchenmasse
• 4 Karotten
• 100 g Datteln
• 100 g gemahlene Mandeln
• 100 g Wal- oder Pekannüsse
• 50 g Rosinen
• 50 g Kokosblütenzucker oder Agavendicksaft
• 1 EL Zimt
• 1 TL gemahlene Gewürznelken
• 1 Prise Salz

Für die Glasur
• 1 Vanilleschote
• 150 g Cashewkerne
• 50 g Agavendicksaft
• 2 EL Kokosfett

Für die Garnierung
• 1 Prise gemahlener Kardamom
• 1 Prise gemahlene Gewürznelke
• 1 Prise frisch geriebene Muskatnuss
• 1 Prise Zimt
• essbare Blüten (Kapuzinerkresse, Margeriten oder Veilchen)

● Für die Kuchenmasse die Karotten schälen und in Stücke schneiden. Die Datteln entsteinen. Mit den restlichen Zutaten in den Mixer geben und zu einer krümeligen Masse verarbeiten.

● Die Masse in den Backring oder in die zwei kleineren Backringe geben und mit leicht befeuchteten Fingern andrücken. Im Kühlschrank ruhen lassen, während die Glasur zubereitet wird.

● Die Vanilleschote mit einem kleinen Messer längs aufschlitzen und das Mark herauskratzen. Mit den restlichen Zutaten und 3 Esslöffeln Wasser in den Mixer geben und glatt pürieren. Auf der Kuchenmasse verstreichen.

● Vor dem Servieren mindestens 1 Stunde kühlen, dann aus dem Backring lösen. Mit den Gewürzen bestäuben und mit den Blüten garnieren.

Varianten
Für eine kompaktere, weniger feuchte Textur kann die Kuchenmasse ohne Glasur 10 Stunden im Dörrapparat getrocknet werden.
Die Karotten können durch geraspelte und pürierte Rote Bete ersetzt werden. Dadurch erhält die Torte eine spektakuläre Rotfärbung.

BROWNIES MIT CAROB UND ROHKAKAO

Diese Brownies überzeugen in Aussehen und Geschmack selbst den größten Rohkost-Skeptiker. Genießen Sie ein Stückchen zu einer Tasse Haselnussmilch.

Für 2 Personen

Zubereitungszeit 30 Min.
Kühlzeit 30 Min.
Geräte Mixer, eckige Portionsform

- 200 g entsteinte Medjool-Datteln
- 200 g gemahlene Mandeln oder Haselnüsse (oder eine Mischung aus beiden)
- 50 g Walnusskerne, plus einige zum Garnieren
- 100 g Rohkakaopulver
- 100 g Carob
- 20 g Kokosfett
- 1 EL Vanillearoma
- 70 ml Agavendicksaft
- 1 Prise Meersalz
- 100 ml Wasser

● Alle Zutaten in den Mixer geben und zu einer glatten Masse verarbeiten.

● Die Masse in die Portionsform füllen und 30 Minuten im Kühlschrank fest werden lassen. Nach dem Festwerden in Stücke schneiden.

● Vor dem Servieren die Brownies mit Walnusshälften garnieren.

Tipps
Carob hat ein feines Aroma und ähnelt dem Geschmack von Kakao. Sollten Sie peruanischen Carob verwenden, erhalten Sie eine feine Karamellnote.
Wenn Sie eine etwas andere Textur bevorzugen, können Sie diese Brownies 8 Stunden im Dörrapparat oder 4 Stunden bei 100 °C im Backofen trocknen.

LIMETTENTÖRTCHEN MIT MINZE-SAUCE

Diese Törtchen begeistern mit ihrem erfrischenden, feinsäuerlichen Aroma und erinnern an die Raffinesse asiatischer Desserts.

Für 2 Personen

Zubereitungszeit 30 Min.
Kühlzeit 45 Min.
Geräte Mixer, Tortelettförmchen

Für den Teig
- 200 g gemahlene Mandeln
- 50 g Agavendicksaft
- 1 Prise Salz
- 20 g Kokosraspel

Für die Füllung
- 100 g Cashewkerne
- Saft von 2 Limetten
- 1 gehäufter EL Kokosfett
- 1 Prise Salz

Für die Minze-Sauce
- 100 ml Agavendicksaft
- 1 Bund frische Minze

Für die Garnierung
- Limettenabrieb
- Minzeblätter

● Für den Teigboden Mandeln, Agavendicksaft und Salz in einer Schüssel vermengen, bis die Masse eine teigartige Konsistenz hat.

● Die Tortelettförmchen mit Frischhaltefolie auslegen und mit den Kokosraspeln ausstreuen. Die Teigmasse hineindrücken. Im Kühlschrank fest werden lassen.

● Inzwischen für die Füllung die Cashewkerne mit Limettensaft, Kokosfett und Salz in den Mixer geben und glatt pürieren.

● Die Füllung auf den Tortelettböden verstreichen und 45 Minuten fest werden lassen.

● Für die Sauce Agavendicksaft und Minzeblätter im Mixer glatt pürieren. Kalt stellen.

● Einen Saucenspiegel auf zwei Desserttellern anrichten. Die Törtchen vorsichtig mit der Frischhaltefolie aus den Förmchen heben und auf den Saucenspiegel setzen.

● Mit Limettenabrieb und Minzeblättern garnieren.

MARACUJATORTE

Dieser recht einfach zuzubereitende Dessertkuchen ist nicht nur ein Fest für die Augen, sondern überzeugt auch durch sein exotisches Aroma.

Für 6 Personen

Zubereitungszeit 45 Min.
Kühlzeit 3 Std.
Ruhezeit 30 Min.
Geräte Mixer, 2 kleine Backringe oder 1 Backring (Ø 22 cm)

Für die Glasur
• 5 Maracujas (im Handel auch unter dem Namen „Passionsfrucht" zu finden)
• 4 EL Agavendicksaft
• 2 EL Nopal-Kaktuspulver (Apotheke oder Internet)

Für den Teigboden
• 100 g gemahlene Mandeln
• 100 g Walnüsse
• 100 g Medjool- oder Deglet-nour-Datteln
• 4 EL Kokosraspel
• 4 EL Agavendicksaft oder Kokosblütenzucker
• 1 Prise Salz

Für den Belag
• 350 g Cashewkerne
• 5 Maracujas
• 1 Vanilleschote
• 100 g Kokosfett
• 4 EL Agavendicksaft
• Saft von 2 Limetten

Für die Garnierung
• essbare Blüten (weiße Rosen oder Stiefmütterchen)

● Für die Glasur die Maracujas halbieren und das Fruchtmark herauslösen. Mit den anderen Zutaten in den Mixer geben und glatt pürieren. Kalt stellen.

● Für den Teigboden alle Zutaten in den Mixer geben und zu einer feinkrümeligen Masse verarbeiten.

● Die Masse mit leicht befeuchteten Fingern gleichmäßig in die kleinen Backringe oder in den großen Backring drücken. Kalt stellen.

● Für den Belag die Cashewkerne 10 Minuten in heißem Wasser einweichen. Die Maracujas halbieren und das Fruchtmark herauslösen. Die Vanilleschote mit einem kleinen Messer längs aufschlitzen und das Mark herauskratzen. Die Cashewkerne abtropfen lassen, mit den anderen Zutaten in den Mixer geben und glatt pürieren.

● Die Masse auf dem Teigboden verstreichen.

● Die Torte 2 Stunden im Tiefkühlfach fest werden lassen. Mit der Passionsfruchtglasur überziehen und 1 weitere Stunde gefrieren.

● Die Torte 30 Minuten vor dem Servieren auftauen lassen, dann aus der Form lösen.

● Vor dem Servieren die Torte mit essbaren Blüten garnieren.

Varianten
Sie können die Torte auch mit anderen Früchten wie Erdbeeren, Zitronen oder auch mit Schokolade zubereiten. Lassen Sie Ihrer Kreativität freien Lauf!

BAKLAWAS

Die aus dem Nahen Osten stammenden Baklawas sind kleine Süßspeisen, die üblicherweise mit Honig und Datteln zubereitet werden. Diese Rohkostvarianten sind süße kleine Häppchen, die perfekt zu einer Tasse Minzetee schmecken. Sie können die Häppchen nach Belieben mit orientalischen Gewürzen aromatisieren.

Für 2 Personen

Zubereitungszeit 30 Min.
Geräte Mixer

Für die Grundmasse
- 300 g gemahlene Mandeln
- 70 ml Agavendicksaft
- 50 g Kokosfett

Für die Minze-Baklawas (rund)
- 50 g junge Spinatblätter (zum Färben)
- 1 Bund frische Minze
- 50 ml Wasser
- 2 Kardamomsamen, zerdrückt
- fein abgeriebene Schale von 1 Limette
- 10 Pistazien, ganz oder gehackt (für die Garnierung)

Für die Orangenblüten-Baklawas (rechteckig)
- 50 ml Orangenblütenwasser
- 5 Mandelkerne (für die Garnierung)

Für die Rosen-Baklawas (rautenförmig)
- 50 ml Rosenwasser
- 5 Datteln, halbiert
- 5 Walnüsse, gehackt, eingelegt in einer Mischung aus Zimt und Agavendicksaft (für die Garnierung)

● Für die Grundmasse alle Zutaten in eine Schüssel geben und von Hand sorgfältig vermengen.

● Die Masse in drei gleich große Portionen teilen.

● Für die Minze-Baklawas Spinat und Minzeblätter in den Mixer geben und mit dem Wasser glatt pürieren. Mit Kardamom und Limettenabrieb in eine Portion der Grundmasse einarbeiten.

● Für die Orangenblüten-Baklawas das Orangenblütenwasser in die zweite Portion der Grundmasse einarbeiten.

● Für die Rosen-Baklawas das Rosenwasser und die Datteln in die dritte Portion der Grundmasse einarbeiten.

● Die Massen zu Platten drücken oder vorsichtig ausrollen und entsprechende Formen ausschneiden oder ausstechen.

● Die Baklawas wie angegeben garnieren. Bis zum Servieren kalt stellen.

SOMMER

Sommer-Smoothie

Pfirsich-
Acerola-Smoothie

Beeren-Smoothie

SOMMER-SMOOTHIE

Dieser erfrischende Smoothie ist perfekt für einen heißen Sommertag. Die Wassermelone hat viele gesundheitliche Vorzüge. Sie macht satt und versorgt Sie mit Flüssigkeit, ist reich an Vitamin C und enthält antikarzinogene sekundäre Pflanzenstoffe.

Für 2 Personen

Zubereitungszeit 5 Min.
Geräte Mixer

• 1–2 Scheiben Wassermelone
• ½ Zitrone
• 100 g Himbeeren
• einige frische Minzeblätter
• 100 ml Wasser

● Die Melone schälen und entkernen.

● Mit den restlichen Zutaten in den Mixer geben und glatt pürieren.

● Gut gekühlt servieren.

Variante
Sie können die Minze durch Basilikum ersetzen.

BEEREN-SMOOTHIE

Dieser Smoothie ist das perfekte Getränk direkt nach dem Aufstehen. Mit seinen gesunden Zutaten verleiht er Ihnen Schwung und Energie und unterstützt die Ausleitung von Abbaustoffen. Durch die Aprikosen erhält der Smoothie eine wunderbar samtige, milde Textur. Kinder werden dieses süße, ballaststoffreiche Getränk zu jeder Tageszeit lieben.

Für 2 Personen

Zubereitungszeit 5 Min.
Geräte Mixer, feines Sieb

• 3 vollreife Aprikosen
• 100 g aromatische Erdbeeren
• 100 g Himbeeren
• 100 g Heidelbeeren
• 100 g Brombeeren
• 100 ml Wasser

● Die Aprikosen waschen, halbieren und entsteinen.

● Die Erdbeeren waschen und putzen.

● Alle Zutaten in den Mixer geben und glatt pürieren.

● Den Saft durch ein feines Sieb in Gläser füllen, um die Kernchen zurückzuhalten und ihn sämiger zu machen.

● Gut gekühlt servieren.

PFIRSICH-ACEROLA-SMOOTHIE

Dieser Smoothie ist dank der Zugabe von Acerolapulver eine wahre Vitamin-C-Bombe und ein ausgezeichneter Start in den Tag. Davon kann man gar nicht genug kriegen!

Für 2 Personen

Zubereitungszeit 5 Min.
Geräte Mixer

- 2 weißfleischige Pfirsiche
- 2 gelbfleischige Pfirsiche
- 2 EL Agavendicksaft oder Kokosblütenzucker
- 1 EL Acerolapulver
- 100 ml Wasser

- Die Pfirsiche häuten, halbieren und entsteinen.

- Mit den restlichen Zutaten in den Mixer geben und glatt pürieren.

- Gut gekühlt servieren.

Info

Acerola ist eine in Südamerika beheimatete Kirschart. Sie gilt als beste Vitamin-C-Quelle (Acerola enthält 30-mal mehr Vitamin C als Zitrusfrüchte!) überhaupt und unterstützt so auf ideale Weise Ihre Abwehrkräfte. Acerola ist in Pulverform in Biosupermärkten, Reformhäusern oder auch online erhältlich. Das Pulver hat außerdem eine leicht bindende Wirkung und macht diesen Smoothie schön cremig.

GAZPACHO MIT URUCUM

Die Samen des Anattostrauches (Urucum) wurden von den indigenen amerikanischen Völkern zur Körperbemalung und als Sonnenschutz auf die Haut aufgetragen. Und in der Tat bietet Urucum dank des sehr hohen Gehalts an Provitamin A und Selen einen ausgezeichneten Schutz vor Zellalterung. Daneben enthält Urucum große Mengen an Betakarotin. Zusammen mit Lycopin aus Tomaten und Paprika ist dieser Gazpacho also eine wahre Antioxidantien-Bombe.

Für 2 Personen

Zubereitungszeit 15 Min.
Geräte Mixer

- 1 TL Urucumsamen
- 2 EL Olivenöl
- 2 vollreife Tomaten
- 1 rote Paprika
- 1 Zwiebel
- 1 Knoblauchzehe
- 2 EL Sherryessig
- 1 Prise Pfeffer
- 1 Prise Salz
- 100 ml Wasser

● Die Urucumsamen mindestens 30 Minuten, vorzugweise aber über Nacht im Olivenöl ziehen lassen.

● Die Tomaten waschen und in Stücke schneiden.

● Die Paprika halbieren. Kerngehäuse und weiße Trennwände entfernen.

● Zwiebel und Knoblauch abziehen und in Stücke schneiden.

● Alles mit den restlichen Zutaten in den Mixer geben und glatt pürieren.

● Den Gazpacho durch ein feines Sieb in eine Servier-schüssel füllen, um Häute und Samen zurückzuhalten.

● Gut gekühlt servieren.

Tipp
Wenn sich die Urucumsamen im Mixer nicht gut zer-kleinern lassen, lassen Sie sie vorher über Nacht in etwas Wasser ziehen. Seihen Sie das Wasser dann ab und verwenden es für den Gazpacho. Alternativ passieren Sie den Gazpacho nach dem Pürieren, um die Samenstücke und andere feste Rückstände wie Häute zu entfernen.

AUBERGINENKAVIAR

Dieser Dip macht sich hervorragend als Vorspeise oder zu einem Gläschen Wein. Servieren Sie ihn zusammen mit Karotten-, Gurken- und Selleriestiften und/oder Rohkost-Crackern zum Stippen.

Für 4 Personen

Zubereitungszeit 30 Min.
Ruhezeit 30 Min.
Kühlzeit 30 Min.
Geräte Mixer, Mandoline oder Hobel

- 1 Aubergine
- 100 g Sonnenblumenkerne oder gemahlene Mandeln
- 1 EL Tamari
- 4 EL Olivenöl
- 1 EL Tahini
- 1 Prise Piment d'Espelette oder Cayennepfeffer
- Rapsöl
- 100 ml Wasser
- 1 Prise Pfeffer
- 1 Prise Salz

Für die Marinade
- 1 Knoblauchzehe
- 4 EL Olivenöl
- 2 EL Agavendicksaft
- Saft von 1 Zitrone
- 1 EL getrockneter Thymian
- 1 Prise Salz
- 1 Prise Pfeffer

Für die Garnierung
- frische Korianderblätter
- Paprikapulver

- Die Aubergine mit der Mandoline oder einem Hobel in sehr feine Scheiben schneiden.

- Für die Marinade den Knoblauch abziehen und zerdrücken.

- Die restlichen Marinadezutaten in einer großen Schüssel verquirlen.

- Den Knoblauch unterrühren. Die Auberginenscheiben darin wenden und 30 Minuten ziehen lassen.

- Die Auberginenscheiben samt Marinade mit den restlichen Zutaten in den Mixer geben und cremig pürieren. Im Kühlschrank 30 Minuten ziehen lassen.

- Vor dem Servieren mit Korianderblättern garnieren und mit Paprikapulver bestäuben.

- Mit Rohkost oder Crackern servieren.

TAPENADE

Diese vegane Rohkostversion der klassischen Olivenpaste macht alle glücklich. Sie schmeckt mindestens genauso lecker und ist ideal zu einem kleinen Salat oder auf Crackern. Wenn Sie die Paste nicht vegan halten möchten, können Sie auch ein paar Sardellenfilets mit einarbeiten.

Für 4 Personen

Zubereitungszeit 15 Min.
Geräte Mixer

- 1 Knoblauchzehe
- 2 Zweige frischer Thymian
- 200 g entsteinte Kalamata-Oliven
- 3 EL Olivenöl
- 2 EL Zitronensaft

● Die Knoblauchzehe abziehen und in Scheiben schneiden.

● Die Thymianblätter von den Zweigen abzupfen.

● Alle Zutaten in den Mixer geben und zu einer glatten Paste verarbeiten.

● Gekühlt servieren.

Varianten

Sie können diese Tapenade auch mal mit grünen Oliven und Kapern probieren.
Wenn Sie statt Oliven eingelegte Tomaten verwenden, wird daraus ein leckeres Tomatenpesto.

PHÔ – VIETNAMESISCHE SUPPE

Nach vietnamesischer Tradition wird Phô (wird „Fö" ausgesprochen) häufig auch zum Frühstück serviert. Die Suppe soll den Körper wärmen und fit für den Tag machen. Diese Rohkostversion ist sehr reichhaltig, lecker und stärkend. Sie können sie geschmacklich mit verschiedenem Gemüse variieren und so an die Jahreszeit anpassen.

Für 2 Personen

Zubereitungszeit 20 Min.
Geräte Spiralschneider oder Sparschäler, Mandoline

Für die Brühe
• 1 kleine rote Chili
• 1 kleines Stück Ingwer
• 1 Knoblauchzehe
• 2 EL Sojasauce
• 1 Prise Szechuanpfeffer
• 1 EL Agavendicksaft

Für die Einlagen
• 1 Zucchini
• 100 g rote Zwiebeln
• 100 g schwarzer Rettich
• 100 g junge Spinatblätter
• 100 g weiße oder braune Champignons
• 1 Noriblatt

Für die Garnierung
• 1 EL Sesamsaat
• 1 rote oder grüne Chili, in feinen Streifen
• frische Korianderblätter
• Nori- oder Dulseblätter

❶ Für die Einlagen die Zucchini im Streifenmuster schälen. Mit dem Spiralschneider in feine Streifen oder mit dem Sparschäler längs in Bänder schneiden.

❷ Die Zwiebeln abziehen und mit der Mandoline in sehr feine Scheiben schneiden. Den Rettich schälen und kleine Würfel schneiden. Einige Würfel für die Garnierung beiseitelegen.

❸ Den Spinat waschen und auf Küchenpapier abtropfen lassen. Die Champignons mit Küchenpapier abwischen, den Stiel einkürzen und die Pilze in nicht allzu feine Scheiben schneiden. Das Noriblatt halbieren.

❹ Für die Brühe Chili und Ingwer hacken. Die Knoblauchzehe abziehen und fein hacken.

❺ Mit Sojasauce und Szechuanpfeffer in eine hitzebeständige Schüssel geben und mit 200 ml heißem Wasser übergießen. Den Agavendicksaft mit einer Gabel darin auflösen. Kurz ziehen lassen.

❻ Die Brühe auf zwei Servierschalen aufteilen. Die Zucchininudeln, dann die restlichen Einlagen auf die beiden Schalen verteilen.

❼ Die Schalen mit heißem Wasser auffüllen.

❽ Mit Sesam, Chili, Koriander und fein geschnittenen Nori- oder Dulseblättern garnieren. Warm servieren.

Tipp
Wenn Sie den Rohkostprinzipien ganz treu bleiben wollen, sollte das Wasser nicht heißer als 42 °C sein. Kontrollieren Sie die Temperatur mit einem Küchenthermometer. Oder Sie kochen das Wasser auf und lassen es einige Minuten abkühlen, bevor Sie den Fingertest machen.

SOMMERLASAGNE

Perfekt für die heißen Tage – diese Rohkostvariante der klassischen Lasagne mit ihren schönen Farben ist einfach zuzubereiten und schmeckt mit unserem falschen Parmesan einfach lecker. Servieren Sie einen kleinen Salat dazu.

Für 2 Personen

Zubereitungszeit 1 Std.
Kühlzeit 30 Min.
Geräte Mixer, Sparschäler

Für die Lasagneblätter
• 2 Zucchini
• 2 EL Olivenöl
• Saft von 1 Zitrone
• 1 Prise Salz
• 1 Prise Pfeffer

Für die Nussmasse
• 150 g Sonnenblumenkerne
• 50 g Walnusskerne
• 1 EL Apfel- oder Sherryessig
• Saft von 1 Zitrone
• 1 Prise Pfeffer
• 1 Prise Paprikapulver
• 1 Prise Salz
• 1 Prise Piment d'Espelette oder Cayennepfeffer

Für die Bechamelsauce
• 150 g Macadamia- oder Cashewkerne
• 4 EL Nährhefe (Pulver)
• 1 Probiotika-Kapsel (optional)
• 2 EL Olivenöl
• 1 Prise Paprikapulver
• 1 Prise Pfeffer
• 1 Prise Salz
• evtl. Zucchinireste

Für das Pesto
• 100 g Sonnenblumenkerne
• 50 g Pinienkerne
• Saft von 1 Zitrone
• 1 Bund frisches Basilikum
• 1 Bund frische Petersilie
• 2 Knoblauchzehen, abgezogen
• 1 Prise Pfeffer
• 1 Prise Salz

Für den falschen Parmesan
• 100 g Paranüsse
• 4 EL Nährhefe
• 1 Prise Salz

Für die Garnierung
• Basilikumblätter
• frisch gemahlener Pfeffer
• Rucola
• Kresse
• gelbe und rote Cocktailtomaten

» Rezept siehe Seite 60

SOMMERLASAGNE

● Die Zucchini im Streifenmuster schälen, sodass die Schale schöne grün-weiße Farbkontraste aufweist.

● Mit einem Sparschäler die geschälte Zucchini längs in feine Bänder schneiden. Olivenöl, Zitronensaft, Salz und Pfeffer in einer Schüssel verrühren und die Zucchinibänder darin marinieren.

● Die Zutaten für die Nussmasse in den Mixer geben und glatt pürieren.

● Auf einem Schneidebrett die Zucchinibänder so anordnen, dass etwa 7 cm x 8 cm große Rechtecke entstehen, und gerade zurechtschneiden. Sie sollten 6 Rechtecke erhalten. Die Zucchinireste für die Bechamelsauce aufbewahren.

● Alle Zutaten für die Bechamelsauce in den Mixer geben und glatt pürieren. Kalt stellen.

● Alle Zutaten für das Pesto im Mixer zu einer glatten Paste verarbeiten und kalt stellen.

● Für den falschen Parmesan die Nüsse mit den restlichen Zutaten zu einer feinkrümeligen Masse verarbeiten.

● Für die Lasagne ein Zucchinirechteck mit Nussmasse bestreichen und mit einem zweiten Zucchinirechteck bedecken.

● Darauf 1 Esslöffel Pesto verstreichen und mit einem Zucchinirechteck bedecken. Mit 1 Esslöffel Bechamelsauce bestreichen.

● Die zweite Lasagne wie beschrieben schichten.

● Mit dem falschen Parmesan bestreuen und mit Basilikum garnieren. Kalt stellen.

● Die Lasagne mithilfe eines Pfannenwenders auf Teller heben und mit einem gemischten Salat zum Beispiel aus Rucola, Kresse und bunten Cocktailtomaten servieren.

ZUCCHININUDELN MIT SAUCE MARINARA

Dieses Gericht ist perfekt für alle Fans von Pasta und italienischer Küche. Diese „Tagliatelle" werden mit „Fleischbällchen" aus Sonnenblumenkernen serviert und machen garantiert satt.

Zubereitungszeit 1 Std.
Kühlzeit 1 Std. 30 Min.
Geräte Sparschäler, Mixer

- 2 Zucchini

Für die Fleischbällchen
- 150 g Sonnenblumenkerne
- 40 g getrocknete Tomaten
- 1 Knoblauchzehe, abgezogen
- einige frische Korianderstängel, fein gehackt
- 1 TL Piment d'Espelette oder Cayennepfeffer
- 8 EL Zitronensaft

Für die Marinara-Sauce
- 4 Tomaten
- 1 Knoblauchzehe
- 100 g getrocknete Tomaten, 15 Minuten in lauwarmem Wasser eingeweicht
- 1 Medjool-Dattel oder 2 EL Agavendicksaft
- 1 EL Olivenöl
- 1 EL Oregano
- einige frische Basilikumstängel, Blätter fein gehackt
- 1 Prise Piment d'Espelette oder Cayennepfeffer
- 1 Prise Salz
- 450 ml Wasser

Für den falschen Parmesan
- 100 g Paranüsse
- 4 EL Nährhefe
- 1 Prise Salz

Für die Garnierung
- Basilikumblätter
- frisch gemahlener Pfeffer

» Rezept siehe Seite 62

ZUCCHININUDELN MIT SAUCE MARINARA

● Die Zucchini im Streifenmuster schälen.

● Mit dem Sparschäler nun längs in dünne Bänder schneiden. Die Zucchininudeln kalt stellen.

● Für die Marinara-Sauce die Tomaten waschen und grob hacken. Die Knoblauchzehe abziehen. Mit allen anderen Zutaten in den Mixer geben und mit 450 ml Wasser glatt pürieren. Im Kühlschrank ziehen lassen.

● Für die Fleischbällchen alle Zutaten in einer Schüssel vermengen und zu Kugeln formen.

● Für den falschen Parmesan alle Zutaten in den Mixer geben und zu einer krümeligen Masse verarbeiten. Kalt stellen.

● Die Zucchininudeln auf Teller geben und mit der Sauce überziehen. Die Fleischbällchen darauf anrichten.

● Mit Basilikumblättern garnieren und mit falschem Parmesan bestreuen. Nach Geschmack frisch gemahlenen Pfeffer hinzufügen.

Varianten

Wenn Sie einen Spiralschneider haben, können Sie die Zucchini auch zu „Spaghetti" verarbeiten und mit der Marinara-Sauce servieren. Schmeckt mindestens genauso lecker! Für eine schnellere Variante ersetzen Sie die Fleischbällchen durch fein geschnittene Champignons.

GEFÜLLTE TOMATEN MIT BASILIKUMSAUCE

Dieses einfache sommerliche Gericht mit seinen leuchtenden Farben und dem frischen Aroma schmeckt einfach jedem. Wir empfehlen Ochsenherztomaten, Sie können aber jede andere vollaromatische Sorte verwenden. Sie können auch die Tomaten durch Paprika ersetzen.

Für 4 Personen

Zubereitungszeit 30 Min.
Geräte Mixer

• 4 große Tomaten

Für die Füllung
• 100 g Walnusskerne
• 150 g Sonnenblumenkerne
• 1 Prise Cayennepfeffer oder Paprikapulver
• 1 Prise frisch geriebene Muskatnuss
• 1 Prise Oregano
• einige Petersilienstängel, fein gehackt
• 1 Prise Pfeffer
• 1 Prise Salz

Für die Sauce
• 1 Bund frisches Basilikum
• 1 Knoblauchzehe
• 2 EL Olivenöl
• 1 Prise Pfeffer
• 1 Prise Salz

❶ Für die Sauce das Basilikum waschen, die Blätter von den Stängeln zupfen und auf Küchenpapier gründlich trocknen. Die Knoblauchzehe abziehen. Alle Zutaten in den Mixer geben und glatt pürieren. Kalt stellen.

❷ Die Tomaten waschen und oben eine Kappe abschneiden.

❸ Die Tomaten aushöhlen. Kerne und Saft auffangen.

❹ Für die Füllung alle Zutaten samt Tomatenkernen und -saft in den Mixer geben und grob pürieren.

❺ Die Tomaten mit der Nussmasse füllen und die Kappen wieder aufsetzen.

❻ Die gefüllten Tomaten gut gekühlt zusammen mit der Sauce und einem kleinen grünen Salat servieren.

PAD THAI

Dieses leckere asiatische Gericht überzeugt mit einer großen Aromenvielfalt und eignet sich hervorragend für heiße Sommertage. Chilis und Gewürze sorgen für Geschmack, während Zucchini und die anderen rohen Gemüsesorten angenehm kühlen.

Für 4 Personen

Zubereitungszeit 1 Std.
Geräte Mixer, Sparschäler oder Spiralschneider

- 4 EL Sesamöl
- 4 EL Agavendicksaft
- 4 EL Tamari
- 150 g Champignons
- 2 Zucchini
- 2 Karotten
- 1 kleine rote Paprika
- 1 kleine grüne Paprika
- 1 kleine rote Chili
- 1 kleine grüne Chili
- 100 g junge Spinatblätter
- 2 Knoblauchzehen
- 50 g Schnittlauch
- 50 g Korianderblätter
- 1 Prise Piment d'Espelette oder Cayennepfeffer
- 10 g fein gehackter frischer Ingwer
- Saft von 1 Limette
- Saft von 1 Zitrone
- 1 Prise Pfeffer
- 1 Prise Salz

Für das Zitronengrasdressing
- 150 g Cashewkerne
- 1 Stück Ingwer
- 2 Knoblauchzehen, grob gehackt
- 2 Stängel Zitronengras (nur der weiße Teil)
- 1 Schuss Olivenöl
- 1 Schuss Sojasauce
- 1 Schuss Agavendicksaft
- Pfeffer und/oder Cayennepfeffer, je nach Geschmack
- 100 ml Wasser

● Sesamöl, Agavendicksaft und Tamari in einer Schüssel verrühren und die Champignons darin marinieren.

● Zucchini und Karotten mit dem Sparschäler in lange Bänder oder mit dem Spiralschneider in Streifen schneiden. Kühl stellen.

● Paprika und Chilis in feine Streifen schneiden. Einige Chilistreifen für die Garnierung beiseitelegen.

● Den Spinat waschen und putzen. Die Knoblauchzehen abziehen und fein hacken. Den Schnittlauch in feine Röllchen schneiden.

● Für das Dressing die Cashewkerne 10 Minuten in heißem Wasser einweichen. Den Ingwer grob hacken. Die Knoblauchzehen abziehen und grob hacken. Alle Zutaten in den Mixer geben und glatt pürieren.

● Die Salatzutaten in eine Schüssel geben und von Hand mit dem Dressing vermengen.

Tipps
Garnieren Sie den Salat mit Sesam, Korianderblättern und roten und grünen Chilistreifen.
Für einen echt thailändischen Touch vergessen Sie nicht, den Salat mit Limettenhälften zu servieren.

ERDBEERTORTELETTS

Diese Torteletts sind ein Fest für Augen und Gaumen und schmecken sowohl zum Nachmittagskaffee wie auch als Dessert mit einer Kugel Vanilleeis.

Zubereitungszeit 30 Min.
Kühlzeit 30 Min.
Geräte Mixer, 2 Tortelettförmchen

• 100 g Erdbeeren

Für den Teigboden
• 150 g gemahlene Mandeln
• 4 EL Agavendicksaft

Für die Füllung
• 100 g Cashew- oder
  Macadamianusskerne
• 2 EL Agavendicksaft
• 1 EL Kokosfett
• 100 ml Wasser

● Für den Teigboden Mandeln und Agavendicksaft in einer Schüssel vermengen, bis die Masse eine teigartige Konsistenz hat.

● Die Tortelettförmchen mit Frischhaltefolie auskleiden und die Teigmasse hineindrücken. Im Kühlschrank fest werden lassen.

● Für die Füllung die Cashew- oder Macadamianusskerne 10 Minuten in lauwarmem Wasser einweichen.

● Die Nüsse abtropfen lassen. Zusammen mit den restlichen Zutaten in den Mixer geben und mit dem Wassser glatt pürieren.

● Die Erdbeeren waschen, putzen und längs vierteln.

● Die Füllung auf den Tortelettböden verstreichen und 10 Minuten kalt stellen. Vor dem Servieren mit den Erdbeerstücken garnieren.

MELONEN-FEIGEN-SORBET

Die Kombination Feige mit Wassermelone ist einfach unschlagbar und macht aus diesem Sorbet ein köstliches, erfrischendes sommerliches Dessert. Wassermelonen sind eine sehr gute Quelle für Vitamin C, während die Feigen reichlich Ballaststoffe und Antioxidantien liefern.

Für 2 Personen

Zubereitungszeit 1 Std.
Gefrierzeit 2 Std.
Geräte Mixer

- 1 kleine Wassermelone
- 5 frische Feigen, plus 1 Feige zum Garnieren, halbiert
- 5 getrocknete Feigen
- 200 ml Agavendicksaft
- 100 ml Wasser
- einige frische Minzeblätter

● Die Melone schälen, in große Stücke schneiden und entkernen.

● Die frischen Feigen in Stücke schneiden.

● Die getrockneten Feigen in feine Streifen schneiden.

● Melone, Agavendicksaft, frische und getrocknete Feigen in den Mixer geben und mit dem Wasser glatt pürieren.

● In eine Form füllen, mit den halbierten Feigen garnieren und mindestens 2 Stunden tiefkühlen.

● Mit frischen Minzeblättern garniert servieren.

SCHOKO-HIMBEER-TORTE

Himbeeren und Schokolade sind eine klassische Kombination und eignen sich für alle Gelegenheiten. Die Überraschungszutat hier ist die Avocado als Fettlieferant und Bindemittel. Darüber hinaus sind Avocados sehr gesund!

▶ **Für 4 Personen** ◀

Zubereitungszeit 1 Std.
Kühlzeit 2 Std.
Geräte Mixer, Backring (Ø 25 cm)

• 200 g Himbeeren

Für die Glasur
• 1 Avocado
• 1 Banane
• 100 g Agavendicksaft
• 100 g Rohkakaopulver
• 1 TL Kokosfett
• 1 Vanilleschote (optional)

Für die Tortenmasse
• 100 g gemahlene Mandeln
• 300 g Walnüsse
• 200 g Rohkakaopulver
• 100 g Medjool- oder
  Deglet-nour-Datteln
• 1 EL Zimt
• 1 Prise Salz

❶ Für die Glasur alle Zutaten in den Mixer geben und glatt pürieren. Kalt stellen, solange die restlichen Tortenbestandteile zubereitet werden.

❷ Für die Tortenmasse alle Zutaten im Mixer glatt pürieren. Die Masse halbieren.

❸ Den Backring mit Frischhaltefolie auskleiden und eine Hälfte der Tortenmasse hineindrücken. Den Vorgang mit der zweiten Hälfte wiederholen.

❹ Den ersten Teigboden auf eine Kuchenplatte heben und die Frischhaltefolie entfernen.

❺ Zwei Drittel der Himbeeren auf den Teigboden setzen und mit dem zweiten Teigboden bedecken. Leicht andrücken.

❻ Die Torte mit der Glasur bestreichen.

❼ Zwei Stunden kalt stellen und fest werden lassen.

❽ Vor dem Servieren mit den restlichen Himbeeren garnieren.

Variante
Sie können die Himbeeren durch Erdbeeren ersetzen.
Die Torte hält sich bis zu drei Tage im Kühlschrank.

NUSSCREME MIT FRUCHTSAUCE

Diese Nusscreme mit der fruchtigen Sauce ist ein erfrischendes Dessert für den Sommer. Mit Sonnenblumen- und Kürbiskernen garniert wird daraus ein prima Frühstück.

Für 4 Personen

Zubereitungszeit 30 Min.
Kühlzeit 1 Std.
Geräte Mixer

Für die Nusscreme
• 150 g Macadamianuss- oder Cashewkerne (oder eine Mischung aus beiden)
• 100 g gemahlene Mandeln
• 2 EL Agavendicksaft
• Saft von 1 Zitrone
• 150 ml Wasser

Für die Sauce
• 100 g Himbeeren
• 100 g Erdbeeren
• 50 ml Agavendicksaft

Für die Garnierung
• Kirschen, Erdbeeren, Himbeeren etc.

● Für die Nusscreme alle Zutaten in den Mixer geben und glatt pürieren.

● Die Masse in vier Dessertgläser füllen.

● Für die Sauce alle Zutaten im Mixer glatt pürieren.

● Nusscreme und Sauce mindestens 1 Stunde im Kühlschrank ruhen lassen.

● Die Nusscreme nach Belieben mit frischen Beeren garnieren und mit der Sauce servieren.

Variante
Zum Andicken der Sauce können Sie 2 Esslöffel Chiasamen mit einarbeiten.

HERBST

BIRNEN-BETE-SAFT

Dieser Saft ist dank der Roten Bete reich an Antioxidantien und deshalb ideal für alle Sportler. Er belebt die Geister und sorgt für gute Laune und Energie. Die Birnen liefern Ballaststoffe und kurbeln die Verdauung an.

Für 2 Personen

Zubereitungszeit 5 Min.
Geräte Mixer, feines Sieb

• 2 rohe Rote Beten
• 2 Birnen
• 2 EL Agavendicksaft
• 200 ml Wasser

● Die Rote Bete schälen und in Stücke schneiden. Die Birnen ebenfalls in Stücke schneiden.

● Alle Zutaten in den Mixer geben und mit 200 ml Wasser glatt pürieren.

● Den Saft durch ein feines Sieb in zwei Gläser passieren. Gut gekühlt servieren.

Tipp
Sie können den Saft auch mit dem Entsafter zubereiten, dann allerdings ohne die Zugabe von Agavendicksaft und Wasser. Rote Bete und Birnen können ungeschält verwendet werden, denn unter der Schale stecken die meisten Vitamine.

PFLAUMENSAFT MIT ACAI

Machen Sie es wie die brasilianischen Surfer, die mit Acaibeeren topfit und gut drauf sind, und trinken Sie diesen leckeren Saft morgens auf nüchternen Magen. Er kurbelt die Verdauung an, wirkt reinigend und liefert reichlich Energie und Vitamine.

Für 2 Personen

Zubereitungszeit 5 Min.
Geräte Mixer

• 5 vollreife Pflaumen
• 3 Backpflaumen
• 1 EL Lucumapulver
• 1 EL Acaipulver
• 200 ml Wasser

● Die Pflaumen entsteinen und in kleine Stücke schneiden.

● Die Backpflaumen gegebenenfalls entsteinen.

● Alle Zutaten in den Mixer geben und glatt pürieren. Gut gekühlt servieren.

VEGANE MAKIS

Wenn Sie diese Makis probiert haben, werden Sie die Welt der Sushis mit anderen Augen sehen. Der Reis aus Pastinaken erinnert in der Tat sehr an den traditionellen japanischen Sushireis, und die Kombination aus süßen und salzigen Aromen ist äußerst appetitanregend, sodass man von dieser einfach zubereiteten Vorspeise einfach nicht genug kriegen kann!

Für 4 Personen

Zubereitungszeit 45 Min.
Geräte Blitzhacker oder Küchenmaschine mit Raspelaufsatz, Mixer

• 4 Noriblätter

Für den Pastinakenreis
• 3 Pastinaken
• 1 Knoblauchzehe
• 100 g Pinienkerne
• 1 EL frisch geriebener Ingwer
• 2 EL Agavendicksaft
• 4 EL Sojasauce
• 2 EL Reis- oder Apfelessig
• 2 EL Sesam- oder Olivenöl

Für das Wasabi
• 1 Avocado
• 100 g Meerrettich oder
  schwarzer Rettich
• 1 kleine grüne Chili, entkernt
• 1 TL Spirulinapulver
• 2 EL Olivenöl
• 100 ml Wasser

Für die Makifüllung
• 1 Mango
• 1 Avocado
• 200 g junge Spinatblätter
• ½ rote Paprika
• ½ schwarzen Rettich

Für die Garnierung
• weiße und schwarze Sesamsaat
• Alfalfasprossen oder
  Gartenkresse
• eingelegter Ingwer
• schwarzer Rettich

◉ Für den Pastinakenreis die Pastinaken schälen und den Knoblauch abziehen. Mit den restlichen Zutaten in den Blitzhacker geben und reisartig zerkleinern. Kalt stellen.

◉ Für das Wasabi die Avocado halbieren, entsteinen und das Fruchtfleisch aus den Schalen lösen. Den Meerrettich (oder den geschälten schwarzen Rettich) in Stücke schneiden. Mit den restlichen Wasabizutaten und dem Wasser im Mixer glatt pürieren. Kalt stellen.

◉ Für die Makifüllung Mango und Avocado in feine Streifen schneiden. Den Spinat waschen, putzen und auf Küchenpapier abtropfen lassen. Paprika und schwarzen Rettich in feine Stifte schneiden.

◉ Eine Schale mit Wasser bereitstellen.

◉ Ein Noriblatt quer auf die Arbeitsfläche legen und entlang der unteren Kante einen Streifen Pastinakenreis darauf verteilen.

◉ Einige Mango- und Avocadostreifen sowie Spinatblätter darauflegen.

◉ Das Noriblatt aufrollen. Dabei die Finger befeuchten, damit das Blatt feucht wird und die Rolle zusammenhält.

◉ Mit einem zweiten Noriblatt ebenso verfahren, aber Rettich- und Paprikastifte verwenden.

◉ Mit den restlichen Zutaten ebenso verfahren, bis sie aufgebraucht sind.

◉ Die Rollen einige Zeit im Kühlschrank ruhen lassen.

◉ Wenn die Noriblätter wieder trocken sind, die Rollen in 6 gleich große Stücke schneiden.

◉ Einige Makis im Sesam rollen.

◉ Die Makis auf einem Servierteller anrichten und einige Minuten kalt stellen.

◉ Mit Sprossen, eingelegtem Ingwer und fein geraspeltem schwarzem Rettich garnieren und mit dem Wasabi servieren.

Variante
Für eine einfachere Version ersetzen Sie den Pastinakenreis durch Salat, junge Spinatblätter oder Rucola. So erhalten Sie leckere Nori-Wraps.

ROTE-BETE-HUMMUS

Dieses Hummus überzeugt nicht nur durch seine intensive Farbe, sondern auch durch seinen feinen Geschmack und macht sich ausgezeichnet auf jedem Partybuffet oder als Begleitung für einen schönen Salat. Rote Beten mit ihren vielen Vitaminen, Mineralstoffen und Antioxidantien sind kleine Kraftpakete.

Für 2 Personen

Zubereitungszeit 20 Min.
Geräte Mixer

- 500 g rohe Rote Bete
- 100 g rote Zwiebeln
- 2 Knoblauchzehen
- 100 g Sonnenblumenkerne
- Saft von 1 Zitrone
- 20 ml Olivenöl
- 1 Prise Pfeffer
- 1 Prise Salz
- 100 ml Wasser

● Die Rote Bete schälen und in Stücke schneiden.

● Die Zwiebeln abziehen und vierteln.

● Die Knoblauchzehen abziehen und grob hacken.

● Alle Zutaten in den Mixer geben und zu einer Paste verarbeiten.

● Bis zum Servieren kalt stellen.

Variante
Sie können die Rote Bete durch Fenchel, Knollensellerie oder auch Kohlrabi ersetzen.

PILZKAVIAR

Diese köstliche Paste mit den herbstlichen Aromen schmeckt besonders lecker mit Crackern oder Gemüsestiften.

Zubereitungszeit 30 Min.
Kühlzeit 30 Min.
Geräte Mixer

- 50 g Pfifferlinge
- 50 g Morcheln
- 200 g Champignons
- 150 g Sonnenblumenkerne
- Saft von 1 Zitrone
- 1 EL Apfelessig
- 1 Knoblauchzehe
- 1 Prise Piment d'Espelette oder Cayennepfeffer
- 4 EL Olivenöl
- 1 Prise Pfeffer
- 1 Prise Salz
- 100 ml Wasser

Für die Marinade
- 4 EL Olivenöl
- 1 Knoblauchzehe, fein gehackt
- 1 Prise Pfeffer
- 1 Prise Salz

Für die Garnierung
- Petersilienblätter
- frisch gemahlener rosa Pfeffer

● Für die Marinade Olivenöl und Knoblauch mit Pfeffer und Salz in einer Schüssel verrühren. Pfifferlinge und Morcheln fein schneiden und 30 Minuten in der Marinade ziehen lassen.

● Die Champignons putzen und bis auf Pfifferlinge und Morcheln mit den restlichen Zutaten in den Mixer geben und zu einer Paste verarbeiten.

● Pfifferlinge und Morcheln unter die Paste ziehen. Vor dem Servieren mindestens 30 Minuten kalt stellen.

● Mit Leinsamencrackern (siehe folgendes Rezept) servieren.

● Vor dem Servieren die Paste mit Petersilie und etwas frisch gemahlenem rosa Pfeffer garnieren.

Variante
Sie können für dieses Rezept jede beliebige Pilzart verwenden wie Austernpilze, braune Champignons oder, für eine asiatische Version, Shiitakepilze. Würzen Sie die Paste dann mit frisch geriebenem Ingwer und Sojasauce.

LEINSAMENCRACKER

Leinsamen sind eine ausgezeichnete Quelle für Omega-3-Fettsäuren. Des Weiteren enthalten sie viele Ballaststoffe und Antioxidantien. So sind diese Cracker eine äußerst gesunde Alternative zu Brot. Sie sind sehr einfach zuzubereiten, erfordern aber einen Dörrapparat. Alternativ lassen sie sich auch in einem gewöhnlichen Backofen bei niedriger Temperatur trocknen. Durch das langsame Trocknen bei niedriger Temperatur werden die vielen wertvollen Vitalstoffe geschont. Bei 42 °C bleiben beispielsweise Vitamine und Enzyme eines Apfels erhalten, während sie beim Garen über 50 °C teilweise zerstört werden.

Für 4 Personen

Zubereitungszeit 30 Min.
Trocknung 20 Std.
(6 Stunden bei niedriger Temperatur im Ofen)
Geräte Mixer, Dörrapparat, alternativ Backofen

• 4 Stangen Sellerie
• 1 rote Paprika
• 1 Zwiebel
• 2 Knoblauchzehen
• 1 Tomate
• 50 g getrocknete Tomaten
• 200 g Leinsamen
• 4 EL Nährhefe
• 4 EL Olivenöl
• 2 EL Apfelessig
• Saft von 2 Zitronen
• 1 Prise Pfeffer
• 1 EL Salz
• 1 EL Rosmarin oder Paprikapulver oder gemahlener Kreuzkümmel oder 1 Prise Cayennepfeffer
• 200 ml Wasser

Für den Belag
• 2 EL Leinsamen
• 2 EL Kürbiskerne
• 2 EL Sesamsaat

● Den Sellerie waschen und in Stücke schneiden.

● Die Paprika waschen und halbieren, das Kerngehäuse und die Trennwände herausschneiden. Das Paprikafleisch in Stücke teilen. Die Zwiebel abziehen und vierteln. Die Knoblauchzehen abziehen. Die Tomate waschen und vierteln. Das Gemüse mit den restlichen Zutaten in den Mixer geben und mit 200 ml Wasser zu einer glatten Paste verarbeiten.

● Die Paste gleichmäßig auf einem Dörrblech oder auf einem mit Backpapier belegten Backblech verstreichen. Mit den Saaten für die Garnierung bestreuen.

● Die Masse 20 Stunden bei 42 °C im Dörrapparat trocknen.

● Nach der Hälfte der Trockenzeit sollte die Crackermasse schon relativ fest sein. Sie können sie dann in Streifen oder Dreiecke schneiden.

Tipps
Sie können die Crackermasse auch 6 Stunden bei 100 °C im Backofen trocknen. Nach der Hälfte der Zeit sollte die Crackerplatte gewendet werden.
Wenn Sie Obst- oder Gemüsetrester aus dem Entsafter übrig haben, insbesondere Karotten- und Rote-Bete-Trester, können Sie ihn ebenfalls unter die Crackermasse rühren.
Wenn Sie wenig Zeit haben, können Sie die Backzeit reduzieren, indem Sie die Ofentemperatur erhöhen.

GRÜNKOHLCHIPS

Seit einiger Zeit erlebt Grünkohl aus der Familie der Kreuzblütler einen wahren Hype. Sein besonderer Geschmack, aber vor allem sein hoher Gehalt an Vitaminen, Mineralien und antikarzinogenen Vitalstoffen machen ihn zum Trendgemüse.
Diese Zubereitung ist eine leckere Art, sich gesund zu ernähren und darüber hinaus eine tolle Alternative zu klassischen Chips. Wir stellen Ihnen hier zwei Geschmacksvarianten vor: Käsesauce und eine pikantere asiatische.

Für 2 Personen

Zubereitungszeit 45 Min.
Trocknung 20 Std. (3 Stunden bei 100 °C im Ofen)
Geräte Mixer, Dörrapparat, alternativ Backofen

• 1 kg Grünkohl

Für die Käsesauce
• 1 Tomate
• 4 Stangen Sellerie
• 1 Zwiebel
• 2 Knoblauchzehen
• 100 g Cashewkerne
• 4 EL Nährhefe
• 1 Prise Cayennepfeffer
• 2 EL Apfelessig
• 1 Prise Salz
• 1 Probiotika-Kapsel (optional)
• 200 ml Wasser

Für die pikante Sauce
• 1 rote Paprika
• 1 rote Chili, entkernt
• 2 Knoblauchzehen
• 4 EL Tamari
• 2 EL Agavendicksaft
• 1 Prise Piment d'Espelette oder Cayennepfeffer
• 1 Prise Pfeffer
• 1 Prise Salz
• 200 ml Wasser

Gewürze nach Wahl
• 1 EL Rosmarin
• 1 EL Paprikapulver
• 1 EL gemahlener Kreuzkümmel
• 1 Prise Pfeffer
• 1 EL Salz

● Den Grünkohl waschen. Die Stiele entfernen und die Blätter in mundgerechte Stücke teilen.

● Für die Käsesauce die Tomate waschen und vierteln. Den Sellerie waschen und in kleine Stücke schneiden. Die Zwiebel abziehen und vierteln. Die Knoblauchzehen abziehen und hacken. Alle Zutaten für die Sauce mit 200 ml Wasser in den Mixer geben und glatt pürieren. Gewürze nach Wahl aus der unten stehenden Liste einarbeiten.

● Für die pikante Sauce Paprika und Chili waschen, halbieren, Samen und weiße Trennhäute entfernen. Das Fruchtfleisch in Stücke schneiden. Die Knoblauchzehen abziehen und hacken. Mit den restlichen Zutaten in den Mixer geben und mit 200 ml Wasser glatt pürieren. Gewürze nach Wahl aus der unten stehenden Liste einarbeiten.

● Die Grünkohlstücke von Hand mit der ausgewählten Sauce in einer Schüssel vermengen, bis sie gut damit überzogen sind.

● Den Grünkohl auf dem Blech des Dörrapparats verteilen.

● Den Grünkohl 20 Stunden im Dörrapparat trocknen lassen. Dabei nach der Hälfte der Zeit wenden. Durch das Trocknen wird der Grünkohl knusprig und behält alle seine wertvollen Inhaltsstoffe.

Tipp
Wenn Sie keinen Dörrapparat haben, können Sie die Grünkohlchips auf einem mit Backpapier ausgelegten Backblech verteilen und 3 Stunden bei 100 °C im Ofen trocknen. Die Chips sollten nach der Hälfte der Zeit gewendet werden. Dabei gehen zwar einige Vitalstoffe verloren, doch es ist eine praktikable Alternative.

BURRITOS

Diese Rohkostvariante der aus Mexiko stammenden Burritos überzeugt durch ihre Frische und ihre Farben und ist ein ausgezeichnetes Beispiel für rohes Street Food, das appetitlich aussieht und gut schmeckt. Diese Burritos sind einfach herzustellen und lassen sich sehr gut mitnehmen. Mit reichlich Guacamole sind sie einfach unwiderstehlich.

Für 2 Personen

Zubereitungszeit 30 Min.
Geräte Mixer

• 4 schöne große Weißkohlblätter

Für die Guacamole
• 3 Avocados
• 1 Tomate
• ½ rote Paprika
• 1 rote Zwiebel
• 1 Knoblauchzehe
• 1 rote Chili
• Saft von 1 Limette
• Saft von 1 Zitrone
• 1 Schuss Olivenöl
• Piment d'Espelette oder Cayennepfeffer
• 1 Prise Pfeffer
• 1 Prise Salz

Für die Füllung
• 200 g Sonnenblumenkerne oder gemahlene Mandeln
• 1 frischer Zuckermaiskolben
• 1 Karotte
• 1 grüne Paprika, gewürfelt (optional)
• 1 Knoblauchzehe
• 1 Bund frischer Koriander
• 4 EL Olivenöl
• Saft von 1 Zitrone
• 1 Prise Piment d'Espelette oder Cayennepfeffer
• 1 Prise Pfeffer
• 1 Prise Salz

Für die Garnierung
• frische Korianderblätter
• 1 Prise Paprikapulver

● Für die Guacamole die Avocados halbieren, entsteinen und das Fruchtfleisch aus den Schalen lösen. In einer Schüssel mit einer Gabel zerdrücken.

● Die Tomate waschen und klein würfeln. Die Paprika waschen, entkernen und die weißen Trennhäute entfernen. Klein würfeln.

● Zwiebel und Knoblauch abziehen und fein hacken. Die Chili ebenfalls fein hacken.

● Die gewürfelten und gehackten Zutaten mit Limetten- und Zitronensaft sowie einem Schuss Olivenöl unter die Avocadomasse rühren. Mit Piment d'Espelette, Salz und Pfeffer abschmecken. Mit Korianderblättern garnieren und mit Paprikapulver bestäuben. Kalt stellen.

● Für die Füllung die Sonnenblumenkerne im Mixer zerkleinern, bis sie fein gemahlen sind. Die Maiskörner vom Kolben schneiden. Die Karotte schälen und klein würfeln. Die Paprika halbieren, entkernen und die weißen Trennhäute entfernen. Das Fruchtfleisch klein würfeln. Den Knoblauch abziehen und fein hacken. Den Koriander fein hacken. Alle Zutaten für die Füllung in einer Schüssel sorgfältig vermengen.

● Je 2 Esslöffel Füllung auf die Kohlblätter geben. Die Kohlblätter so aufrollen, dass die Füllung gut eingeschlossen ist. Gut gekühlt mit der Guacamole servieren.

Variante
Sie können die Blätter jeder anderen Kopfkohlart verwenden (Wirsing, Rotkohl, Spitzkohl). Etwas weicher werden die Blätter, wenn man sie in heißem Zitronenwasser ziehen lässt.

BRUSCHETTAS

Diese leckere Vorspeise gelingt ganz einfach und steckt voller wertvoller Inhaltsstoffe für Ihre Leber, denn die im Chicorée enthaltenen Bitterstoffe unterstützen die Fettverbrennung. Zudem liefert Chicorée viele Vitamine und Selen, das für seine antioxidativen Eigenschaften bekannt ist.

Für 4 Personen

Zubereitungszeit 30 Min.
Kühlzeit 30 Min.
Geräte Mixer

• 2 Chicorées

Für den Cashewkäse
• 100 g Cashewkerne
• 50 g Pinienkerne
• 2 EL Nährhefe
• 2 EL Olivenöl

Für die Tomatensauce
• 2 Tomaten
• 1 Knoblauchzehe
• 2 EL Olivenöl
• 1 Prise Pfeffer
• 1 Prise Salz

Für die Garnierung
• 1 EL Agavendicksaft
• frische Petersilienblätter
• Alfalfasprossen
• 1 Prise frisch gemahlener rosa Pfeffer

● Die Cashewkerne 10 Minuten in lauwarmem Wasser einweichen. Abtropfen lassen.

● Für den Cashewkäse die Cashewkerne mit den anderen Zutaten in den Mixer geben und glatt pürieren, dann 30 Minuten im Kühlschrank ziehen lassen.

● Für die Tomatensauce die Tomaten waschen und klein würfeln. Die Knoblauchzehe abziehen. Mit allen Zutaten in den Mixer geben und glatt pürieren.

● Die Chicorées in einzelne Blätter teilen und die Blätter auf einem großen Teller anrichten.

● Je 1 Esslöffel Erdnusskäse auf die Blätter setzen und mit etwas Agavendicksaft beträufeln.

● Mit je 1 Teelöffel Tomatensauce überziehen.

● Mit Petersilienblättern und Alfalfasprossen garnieren. Etwas rosa Pfeffer darübermahlen.

GEMÜSEMASALA, RETTICHREIS UND RAITA

Dieses erfrischend leckere Rohkostcurry ist ein sehr geselliges Essen. Es erinnert an indische Thalis, die man mit Fingern auf einem Bananenblatt isst. Die vielen aromatischen Gewürze entfalten eine abwehrstärkende, entzündungshemmende Wirkung.

Für 4 Personen

Zubereitungszeit 30 Min.
Geräte Mixer

Für das Raita
• 100 g Cashew- oder Paranusskerne
• Saft von 1 Zitrone
• 1 TL Agavendicksaft
• 2 EL Olivenöl
• 1 Prise Pfeffer
• 1 Prise Salz
• 1 Bund frische Minze
• 1 Gurke
• 100 ml Wasser

Für das Gemüsemasala
• 1 EL Kreuzkümmel
• 1 TL Kurkuma
• 1 TL gemahlener Koriander
• 1 TL Paprikapulver
• 1 TL Garam Masala
• 1 TL Zimt
• 1 TL Piment d'Espelette oder Cayennepfeffer
• 1 Prise Salz
• 1 Prise Pfeffer
• 100 g Champignons
• 2 Tomaten
• 1 Karotte
• 100 g Blumenkohl oder Brokkoli
• 1 Knoblauchzehe
• 1 EL frisch geriebener Ingwer
• einige frische Korianderblätter
• 1 EL Olivenöl
• Saft von ½ Zitrone
• 1 EL Agavendicksaft

Für den Rettichreis
• 2 schwarze Rettiche
• 2 EL Zitronensaft
• 1 EL Sesamöl
• 1 EL Agavendicksaft
• 1 Prise Zimt
• 1 Prise Fenchelsamen
• 1 EL Kokoschips
• 50 g Sultaninen
• frische Korianderblätter
• Salz
• Pfeffer

❶ Für das Raita Nüsse, Zitronensaft, Agavendicksaft und Olivenöl mit Salz und Pfeffer in den Mixer geben und mit 100 ml Wasser glatt pürieren. Die Minze fein hacken und die Gurke klein würfeln. Beides unter das Raita rühren. Im Kühlschrank ziehen lassen.

❷ Für das Masala die Gewürze mit Salz und Pfeffer in einer Schüssel mischen. Champignons, Tomaten und Karotte würfeln. Blumenkohl oder Brokkoli in kleine Röschen teilen. Den Knoblauch hacken. Mit den restlichen Zutaten in die Gewürzmischung geben, sorgfältig vermengen und einige Zeit ziehen lassen.

❸ Für den Rettichreis die Rettiche schälen und klein würfeln. Zitronensaft, Sesamöl, Agavendicksaft, Zimt, Fenchel, Kokoschips, Rosinen (zuvor in warmem Wasser eingeweicht und abgetropft) und Koriander mit etwas Salz und Pfeffer in einer Schüssel verrühren und den Rettich darin ziehen lassen.

Info
Sie können zu diesem Gericht auch das Mangochutney von Seite 117 (Variante) reichen.

APFELCRUMBLE

Dieses kostengünstige Dessert ist ein echtes Kinderspiel und schmeckt nach einem Essen garantiert jedem. Es ist eine gute Art, Kindern Äpfel schmackhaft zu machen, die reich an Vitamin C und Antioxidantien sind.

Für 4 Personen

Zubereitungszeit 30 Min.
Geräte kleine Backringe

Für die Äpfel
• 2 Äpfel
• 1 EL Zimt
• Saft von 1 Zitrone
• 2 EL Agavendicksaft

Für die Streusel
• 200 g gemahlene Mandeln
• 20 g Kokosblütenzucker
• 2 EL Zimt

● Die Äpfel schälen und klein würfeln. Mit den restlichen Zutaten in einer Schüssel vermengen und ziehen lassen.

● Für die Streusel die Zutaten in einer Schüssel mit den Fingern krümelig verreiben.

● Die Apfelmischung etwa 2 cm hoch in die Backringe füllen und etwas andrücken.

● Mit der Mandelmasse bestreuen.

● Aus den Förmchen lösen und mit Vanilleeis (Rezept siehe Seite 136, Variante) servieren.

Tipp
Sie können die Äpfel auch mit Schale verarbeiten, um noch mehr wertvolle Vitalstoffe zu erhalten.

Variante
Sie können die Äpfel durch rote Beeren oder Rhabarber ersetzen. Den Rhabarber sollten Sie zunächst in Agavendicksaft und Zitronensaft ziehen lassen (in diesem Fall etwas weniger Zimt verwenden). Der Kokosblütensirup kann durch 2 Esslöffel Agavendicksaft ersetzt werden.

BIRNE HELENE

Birne und Schokolade bilden eine himmlische Kombination, und alle Schokofans werden von diesem Rezept begeistert sein, das zudem noch gesund und einfach in der Zubereitung ist. Es ist ideal zum Abschluss eines Menüs, da es nicht zu üppig ist und die Birne reich an Ballaststoffen ist.

Für 2 Personen

Zubereitungszeit 30 Min.
Geräte Mixer, Backringe

• 2 vollreife Birnen
• 4 EL Agavendicksaft

Für die Schokoladensauce
• 1 Vanilleschote (optional)
• 50 g Kakaopulver
• 4 EL Agavendicksaft
• 20 ml Wasser

Für die Garnierung
• frische Minzeblätter

- Die Birnen schälen und in kleine Würfel schneiden. Mit dem Agavendicksaft in eine Schüssel geben und ziehen lassen.

- Falls verwendet, die Vanilleschote mit einem kleinen Messer längs aufschlitzen und das Mark herauskratzen. Mit den restlichen Saucenzutaten in den Mixer geben und zu einer Creme verarbeiten.

- Die Schokoladensauce in einem kleinen Topf sehr sanft erhitzen.

- Die Backringe auf Dessertteller setzen und je 5 Esslöffel Birnenwürfel hineingeben.

- Vor dem Servieren mit der Sauce überziehen und die Ringe entfernen.

- Mit Minzeblättern garniert servieren.

Tipp
Die Sauce kann vor dem Servieren nochmals kurz sanft erhitzt werden.

PEKANNUSSTORTELETTS

Diese Desserttörtchen, die im Wesentlichen aus Nüssen bestehen, sind vom klassischen nordamerikanischen Pecan Pie inspiriert, der insbesondere beim Thanksgiving-Essen im Familien- und Freundeskreis serviert wird. Die Nüsse in diesen Torteletts versorgen Sie mit vielen Proteinen, Mineralien und Vitaminen.

Für 4 Personen

Zubereitungszeit 30 Min.
Kühlzeit 30 Min.
Geräte Mixer, Tortelettförmchen

Für die Böden
- 250 g gemahlene Mandeln
- 4 EL Agavendicksaft oder Kokosblütenzucker

Für die Füllung
- 1 Vanilleschote
- 100 g gemahlene Mandeln
- 100 g Pekannusskerne
- 4 EL Agavendicksaft
- 50 g Kokosfett
- 1 Prise frisch geriebene Muskatnuss
- 4 Medjool- oder 6 Deglet-nour-Datteln
- 2 EL Carob
- 1 Prise Salz

Für die Garnierung
- Zimt
- 50 g Pekannusskerne

● Für die Böden Mandeln und Agavendicksaft in einer Schüssel sorgfältig vermengen.

● Die Masse auf vier mit Frischhaltefolie ausgekleidete Tortelettförmchen verteilen.

● Die Masse mit befeuchteten Fingern gleichmäßig auf Boden und Rand der Förmchen drücken, dann 30 Minuten kalt stellen.

● Die Vanilleschote aufschlitzen und das Mark herauskratzen. Zusammen mit den anderen Zutaten für die Füllung in den Mixer geben und glatt pürieren.

● Die Füllung auf den Tortelettböden verstreichen. Mit je einer Pekannusshälfte garnieren und mit Zimtpulver bestäuben.

APFEL-KAROTTEN-SAFT MIT KURKUMA UND INGWER

Mit diesem leckeren Saft kurbeln Sie Ihre Abwehrkräfte an: Kurkuma hat ausgezeichnete antioxidative Eigenschaften, und Ingwer hat eine wärmende Wirkung. Die Kombination der beiden macht diesen Saft zu einem ausgezeichneten winterlichen Stärkungstrunk. Wenn Sie einen leistungsstarken Mixer haben, können Sie die Zutaten als Ganzes hineingeben, und wenn die Zutaten Bio-Qualität haben, müssen Sie sie nicht mal schälen, sondern nur gründlich waschen.

Für 2 Personen

Zubereitungszeit 5 Min.
Geräte Mixer

• 1 Apfel
• 1 Karotte
• 1 TL frisch geriebene Kurkuma (Gelbwurz)
• 1 TL frisch geriebener Ingwer
• 200 ml Wasser

❶ Den Apfel schälen und würfeln.

❷ Die Karotte schälen und würfeln.

❸ Alle Zutaten in den Mixer geben und glatt pürieren.

❹ Gut gekühlt und für ein Maximum an Wirkstoffen möglichst sofort trinken.

Tipp
Um das Immunsystem noch besser zu unterstützen, geben Sie 1 Esslöffel Acerolapulver dazu (siehe Seite 47).

MANDELMILCH-KAKI-SMOOTHIE

Anders als der Name vermuten lässt, ist die aus Japan stammende Kaki leuchtend orange. Ihre antioxidativen Eigenschaften und ihr hoher Vitamingehalt machen sie zu einer idealen Smoothie-Zutat für einen guten Start in den Tag. Wir verwenden hier Mandelmilch, die gesund und nahrhaft ist.

Für 2 Personen

Zubereitungszeit 5 Min.
Geräte Mixer

• 2 vollreife Kakis
• 2 EL Agavendicksaft
• 100 g Mandeln
• 200 ml Wasser

● Die Mandeln über Nacht einweichen (wenn's schnell gehen soll, mindestens 10 Minuten).

● Die Kakis schälen und in Stücke schneiden.

● Alle Zutaten in den Mixer geben und glatt pürieren. Gut gekühlt und möglichst sofort trinken.

Variante
Wenn Ihr Mixer nicht leistungsstark genug ist, können Sie auch gemahlene Mandeln verwenden. Nach Belieben können Sie diesen Smoothie mit Gewürzen verfeinern.

MANGOSMOOTHIE MIT CHIASAMEN

Dieser Smoothie kann auch als Dessert gelöffelt werden, lässt sich aber auch noch mit einem dicken Trinkhalm trinken. Die Chiasamen haben eine natürliche eindickende Wirkung und sind eine ausgezeichnete Quelle für Omega-3-Fettsäuren, Ballaststoffe, Kalzium und Antioxidantien.

Für 2 Personen

Zubereitungszeit 5 Min.
Geräte Mixer

- 1 EL Chiasamen (Reformhaus oder Bio-Supermarkt)
- 1 Mango
- 1 Banane
- 2 EL Agavendicksaft
- 200 ml Wasser

● Die Chiasamen einige Minuten im Wasser quellen lassen, bis sie gelartig eingedickt sind. Dann kräftig rühren.

● Die Mango schälen und das Fruchtfleisch in Scheiben vom Stein schneiden.

● Die Banane schälen und in Scheiben schneiden.

● Alle Zutaten in den Mixer geben und glatt pürieren. Gut gekühlt und möglichst sofort trinken.

Tipp
Bei diesem Smoothie, der an traditionelles indisches Mango-Lassi erinnert, können Sie Ihrer Kreativität freien Lauf lassen und ihn beispielsweise mit gemahlenem Kardamom, Cayennepfeffer oder Zimt aromatisieren.

Mangosmoothie mit
Chiasamen

Mandelmilch-
Kaki-Smoothie

KIMCHI

Kimchi, eingelegter Kohl, ist eine koreanische Spezialität und schmeckt einfach köstlich. Er kann zu sehr vielen Gerichten als Beilage serviert werden. Traditionell wird der Kohl in großen Steinguttöpfen im Winter zubereitet. Bei der Fermentierung entstehen probiotische Bakterien, die die Verdauung unterstützen und das Immunsystem fördern. Diese Rohkostversion wird mit Rohkost-Frühlingsrollen oder -Makis auf Salatblättern serviert.

Für 4 Personen

Zubereitungszeit 30 Min.
Ruhezeit 1 Std.
Fermentation 1–2 Tage
Geräte Mixer,
1 Einmachglas (750 ml) oder
2 kleine Schraubgläser
Das Glas muss vor dem Befüllen sterilisiert werden. Nach Öffnen des Glases sollte der Kimchi im Kühlschrank gelagert werden.

- 1 Chinakohl oder 1 Spitzkohl
- 100 g Salz

Für die Lake
- 4 rote Chilis
- 25 g Ingwer
- 6 Knoblauchzehen
- 100 g koreanisches Chilipulver (Gochugaru)
- 2 EL Sojasauce
- 2 EL Oliven- oder Sesamöl
- 2 EL Agavendicksaft
- 1 Noriblatt, in Streifen (optional)
- 2 EL Nopal-Kaktuspulver (optional)
- 200 ml Wasser

● Den Chinakohl waschen und in einzelne Blätter teilen. Die Blätter in mundgerechte Stücke schneiden.

● Den Kohl in einer großen Schüssel sorgfältig mit dem Salz vermengen.

● Unter gelegentlichem Wenden 30 Minuten ziehen lassen, bis er Wasser gezogen hat.

● Die Flüssigkeit abgießen, den Kohl sorgfältig abspülen und 30 Minuten abtropfen und trocknen lassen.

● Die Chilis in Stücke schneiden. Den Ingwer hacken. Die Knoblauchzehen abziehen und hacken.

● Alle Zutaten für die Lake in den Mixer geben und glatt pürieren.

● Den Kohl in einer großen Schüssel mit der Lake vermengen. Tragen Sie dabei Einweghandschuhe, da die Chili die Haut reizen kann.

● Den Kohl dicht in das gereinigte und sterilisierte Glas (5 Minuten in Wasser kochen) schichten, um die Luft aus dem Glas zu drängen.

● Das Glas gut schließen und unter heißem Wasser abspülen.

● Das Glas bei Raumtemperatur mindestens 24 Stunden (besser 2 Tage) stehen lassen, damit der Kohl fermentiert. Das Glas von Zeit zu Zeit schwenken, um die Fermentation anzuregen.

APFEL-BIRNEN-CHUTNEY

Dieses süß-salzige Chutney ist eine feine Beilage für viele Gerichte. Sie können es, je nach dem, zu welchem Gericht Sie es reichen wollen, geschmacklich variieren – zum Beispiel zu einem Rohkost-Curry oder einer Nusskäseplatte (Rezept siehe Seite 118).

Für 4 Personen

Zubereitungszeit 20 Min.
Geräte Schraubglas

• 50 g Rosinen
• 200 g Äpfel
• 200 g Birnen
• 1 EL Zimt
• 1 EL Zitronensaft
• 200 ml Agavendicksaft
• 1 Prise Piment d'Espelette oder Cayennepfeffer
• 1 Prise Salz
• 1 Prise schwarzer Pfeffer oder rosa Pfeffer

● Die Rosinen in warmem Wasser einweichen.

● Inzwischen Äpfel und Birnen schälen, entkernen und in Würfel schneiden.

● Alle Zutaten in einer Schüssel vermengen und einige Stunden ziehen lassen. In ein mit kochendem Wasser sterilisiertes Schraubglas füllen.

Tipp
Einmal angebrochen, sollte das Chutney im Kühlschrank aufbewahrt werden.

Variante
Wenn man Äpfel und Birnen durch frische Mango ersetzt, erhält man ein Chutney mit indischen Farben und Aromen. Es passt hervorragend zu einem Rohkost-Curry.

NUSSKÄSEPLATTE

Käse schließt den Magen, und so darf bei vielen zum Abschluss des Essens eine Käseplatte nicht fehlen. In der Rohkostwelt handelt es sich dabei um falschen Käse. Wir stellen Ihnen hier drei vegane Varianten vor: Frischkäse mit Kräutern, Nusscamembert und Blauschimmelkäse. Lassen Sie Ihrer Kreativität freien Lauf und experimentieren Sie mit anderen Kräutern und Gewürzen, um die Rezepte geschmacklich zu variieren.

1 Käseplatte

Zubereitungszeit 1 Std.
Kühlzeit 2 Std.
Geräte Mixer, Edelstahlringe oder -rechtecke, Dörrapparat, alternativ Backofen

Für den Nusscamembert
• 50 g Cashewkerne
• 50 g Pinienkerne
• 30 g Nährhefe
• 1 EL Agavendicksaft
• 2 EL Apfelessig
• 1 Probiotika-Kapsel (optional)
• 1 Prise Salz
• 100 ml Wasser

Für den Nussfrischkäse mit Kräutern
• 50 g Cashewkerne
• 50 g gemahlene Mandeln
• 30 g Nährhefe
• ½ Knoblauchzehe
• 2 EL Olivenöl
• Saft von ½ Zitrone
• 2 Prisen frisch gemahlener schwarzer Pfeffer
• frische Schnittlauchröllchen
• frisch gehackte Petersilie
• 1 Prise Salz
• 1 Prise Pfeffer
• 100 ml Wasser

Für den Blauschimmel-Nusskäse
• 50 g gemahlene Mandeln
• 50 g Macadamianüsse
• ½ Knoblauchzehe
• 2 EL Olivenöl
• Saft von 1 Zitrone
• 30 g Nährhefe
• 1 EL Spirulinapulver (für die Blaufärbung)
• 50 g Heidelbeeren
• 1 Prise Meersalz
• 1 Prise Pfeffer
• 100 ml Wasser

Für die Apfelchips
• 1 Apfel
• Saft von ½ Zitrone
• 1 Prise Zimt
• 1 Prise Salz
• 1 Prise Pfeffer

Für die Zwiebelkonfitüre
• 1 rote Zwiebel
• 4 EL Agavendicksaft
• Saft von ½ Zitrone
• 1 Prise Zimt
• 1 Prise Salz
• 1 Prise Pfeffer

Für die Garnierung
• einige Feigen
• einige rote oder weiße Trauben
• Stangensellerie, in feinen Streifen

● Für alle Nusskäsesorten jeweils alle Zutaten in den Mixer geben und mit 100 ml Wasser glatt pürieren. Die Cashewkerne für den Frischkäse müssen zunächst eingeweicht werden.

● Die Masse in den Ring oder das Rechteck füllen und mit einem Stück Frischhaltefolie abdecken. Kalt stellen.

● Für die Apfelchips den Apfel schälen und quer in sehr feine Scheiben schneiden. Zitronensaft mit Zimt, Salz und Pfeffer verrühren und die Apfelscheiben darin ziehen lassen. Die Apfelscheiben im Dörrapparat 10 Stunden trocknen lassen (oder 4 Stunden im Backofen bei sehr niedriger Temperatur). Nach der Hälfte der Zeit wenden.

● Für die Zwiebelkonfitüre die Zwiebeln abziehen und in feine Streifen schneiden. Mit den restlichen Zutaten vermengen und kurz ziehen lassen. In einen Topf geben und bei niedriger Hitze 15 Minuten köcheln lassen. Falls ein Dörrapparat vorhanden ist, die Zwiebeln vorzugsweise 10 Stunden trocknen lassen (oder 4 Stunden bei niedriger Temperatur im Backofen).

● Mit Leinsamencrackern (Rezept siehe Seite 92) servieren.

Info

Die Nusskäsesorten sind sofort verzehrfertig. Sie können sie auch in ein Stück Musselin oder Käsetuch einschlagen, zu einer Kugel formen und bei Raumtemperatur über Nacht in einem Sieb aufbewahren, damit die Flüssigkeit abtropft. Beschweren Sie die Käsemasse zusätzlich mit einem Gegenstand wie einer Dose voller Wasser. Dadurch erhält der Käse eine festere Textur, und die Wahrscheinlichkeit einer natürlichen Fermentation erhöht sich.
Sie können den Inhalt einer Probiotika-Kapsel mit einarbeiten, um den Käsegeschmack der Nüsse zu akzentuieren. Durch das Bakterium Lactobacillus acidophilus in diesen Probiotika wird die Wahrscheinlichkeit einer Fermentation wie beispielsweise bei Joghurts erhöht und das Aroma der Nusskäsesorten intensiviert. Probiotika sind freundliche Mikroorganismen, die eine gesunde Darmflora fördern. Sie sind in Apotheken, Reformhäusern und Biosupermärkten erhältlich.
Wenn Sie einen Dörrapparat haben, können Sie den Nusskäse 12 Stunden bei 42 °C trocknen lassen, damit sich eine Rinde bildet und das Aroma verbessert.

ROTE-BETE-RAVIOLI

Diese Rohkostravioli schmecken ausgezeichnet mit einem Rucolasalat. Ihre lebhafte Farbe macht sie auch optisch zum Genuss. Sie können mit verschiedenen Füllungen experimentieren, wie grünem Basilikumpesto oder rotem Tomatenpesto.

Für 4 Personen

Zubereitungszeit 20 Min.
Geräte Mixer, Mandoline oder Hobel

• 5 rohe Rote Beten, gewaschen und geschält
• Saft von ½ Zitrone
• 1 Prise Salz

Für den Cashewkäse
• 100 g Cashewkerne
• 100 g gemahlene Mandeln
• 30 g Nährhefe
• 10 ml Zitronensaft
• 1 Prise schwarzer Pfeffer oder rosa Pfeffer
• 1 Prise Salz
• 50 ml Wasser

● Die Rote Bete mit einer Mandoline oder einem Hobel in sehr feine Scheiben schneiden.

● Zitronensaft und Salz in einer Schüssel verrühren und die Betescheiben darin ziehen lassen.

● Für den Cashewkäse alle Zutaten in den Mixer geben und mit 50 ml Wasser glatt pürieren.

● Eine kleine Portion der Cashewkäsemasse auf die Hälfte der Betenscheiben setzen. Mit den restlichen Betenscheiben bedecken und am Rand andrücken.

● Gut gekühlt mit Schnittlauchröllchen und Basilikum garniert servieren. Einen mit Olivenöl beträufelten Rucolasalat dazureichen.

Variante
Sie können das Rezept auch mit gelbfleischiger oder geringelter Bete zubereiten.

WALDORFSALAT

Dieser Salat, der den Namen des weltberühmten New Yorker Hotels trägt, in dem er 1893 kreiert wurde, ist eine raffinierte Vorspeise mit komplexer Aromenvielfalt.

Zubereitungszeit 20 Min.
Geräte Mixer, Mandoline oder Hobel

- 1 Fenchelknolle
- 3 Stangen Sellerie
- 2 Äpfel
- 50 g Wahlnusskerne, grob gehackt
- ganze Walnusskerne, für die Garnierung

Für die Mayonnaise
- 100 g Paranüsse
- 1 Knoblauchzehe, zerdrückt
- Saft von 1 Zitrone
- 2 EL Olivenöl
- 1 EL Nährhefe
- 1 EL Apfelessig
- 1 TL Senfkörner
- 1 Prise schwarzer oder rosa Pfeffer
- 1 Prise Paprikapulver
- 1 Prise Salz
- 100 ml Wasser

● Für die Mayonnaise alle Zutaten in den Mixer geben und zu einer glatten Masse verarbeiten.

● Den Fenchel waschen und mit der Mandoline oder dem Hobel in feine Scheiben schneiden.

● Den Sellerie waschen und in feine Stücke schneiden.

● Die Äpfel nach Belieben schälen, entkernen und in feine Scheiben schneiden.

● Alle Salatzutaten in eine Schüssel geben und mit der Mayonnaise vermengen.

● Mit Walnusskernen garnieren und gut gekühlt servieren.

Variante
Für ein süßeres Aroma können Sie einige Rosinen unter den Salat mischen. Wer es pikanter mag, kann noch eine Prise Piment d'Espelette oder Cayennepfeffer zufügen.

SPINATQUICHE MIT GETROCKNETEN TOMATEN

Die Quiche bildet mit einem kleinen Rucola- oder Feldsalat und mit ein paar Alfalfasprossen eine schöne Vorspeise, und der dafür verwendete Spinat enthält viele Mineralien und Vitamine.

Für 6 Personen

Zubereitungszeit 20 Min.
Kühlzeit 1 Std. 30 Min.
Ruhezeit 20 Min.
Geräte Mixer, Quicheform (Ø 20 cm)

Für den Teigboden
• 500 g gemahlene Mandeln
• 2 EL Sojasauce
• 2 EL Olivenöl
• 1 Prise Pfeffer
• 1 Prise Salz

Für die Füllung
• 400 g junge Spinatblätter, geputzt und gewaschen
• 150 g Cashew- oder Sonnenblumenkerne
• 1½ EL Zitronensaft
• 2 EL Olivenöl
• 1 Knoblauchzehe
• 1 EL Nährhefe
• 1 Prise frisch geriebene Muskatnuss
• 1 Prise Paprikapulver
• 1 Prise Salz
• 100 ml Wasser

Für die Garnierung
• 4 getrocknete Tomaten, in lauwarmem Wasser eingeweicht

● Für die Füllung die Cashewkerne mindestens 10 Minuten in lauwarmem Wasser einweichen.

● 200 g Spinat mit Zitronensaft, Olivenöl, Pfeffer und Salz in einer Schüssel vermengen und ziehen lassen.

● Den restlichen Spinat mit den Cashewkernen und allen anderen Zutaten für die Füllung in den Mixer geben und glatt pürieren. Dann 30 Minuten kalt stellen.

● Für den Teigboden alle Zutaten in einer Schüssel zu einer teigartigen Masse vermengen.

● Eine Quicheform mit Frischhaltefolie auskleiden und die Teigbodenmasse mit befeuchteten Fingern hineindrücken.

● Die Spinatmasse darauf verstreichen. Den marinierten Spinat darauf verteilen. Mit den eingeweichten und abgetropften Tomaten belegen.

● Im Tiefkühlfach 60 Minuten fest werden lassen.

● Die Quiche mithilfe der Frischhaltefolie vorsichtig aus der Form heben und 20 Minuten auftauen lassen. Mit einem grünen Salat servieren.

Tipp
Eine leckere Vinaigrette erhalten Sie, wenn sie 2 Esslöffel Agavendicksaft, 1 EL frisch geriebenen Ingwer, 1 zerdrückte Knoblauchzehe, den Saft von 1 Zitrone und 1 Spritzer Sojasauce kräftig verrühren.

SCHOKOLADENMOUSSE MIT CLEMENTINEN-SAUCE UND KANDIERTEN ORANGENSCHALEN

Diese Mousse schmeckt am besten mit Rohkakao. Aber auch wenn Sie normalen gerösteten und entölten Kakao verwenden, kann sich das Resultat sehen lassen. Das Dessert ist ziemlich reichhaltig und sättigend und deshalb sollten Sie unbedingt teilen.

Für 2 Personen

Zubereitungszeit 15 Min.
Kühlzeit 1 Std.
Geräte Mixer

Für die Mousse
• 1 große Avocado (etwa 60 g)
• 2 Bananen (110 g)
• 70 g Rohkakaopulver
• 50 ml Agavendicksaft
• 10 g Kokosfett
• 1 EL Apfelessig
• 1 EL Sojasauce oder Tamari
• 1 Prise Salz

Für die kandierten Orangenschalen
• 1 Orange (Bio-Qualität)
• 4 EL Agavendicksaft
• 1 EL Piment d'Espelette oder Cayennepfeffer

Für die Sauce
• 2 Clementinen
• 3 EL Agavendicksaft

● Für die Mousse das Avocadofruchtfleisch mit den restlichen Zutaten in den Mixer geben und glatt pürieren. In eine Schüssel füllen und 60 Minuten kalt stellen.

● Für die kandierten Orangenschalen die Schale in dünnen, feinen Streifen von der Orange ablösen. Agavendicksaft und Piment d'Espelette oder Cayennepfeffer in einer Schüssel verrühren. Die Orangenzesten darin einige Stunden ziehen lassen. Sie können die Orangenschalen auch 5 Stunden im Dörrapparat (oder bei niedriger Temperatur im Backofen) trocknen lassen. Sie erhalten dann eine andere Textur und kandieren besser.

● Für die Sauce die Clementinen schälen und in Spalten teilen. Mit dem Agavendicksaft im Mixer glatt pürieren. Kalt stellen.

● Die Mousse mit der Sauce und den kandierten Orangenschalen servieren.

Info
Apfelessig und Sojasauce lassen die Avocado süßer schmecken. Sie können den Piment d'Espelette durch fein geriebenen Ingwer ersetzen. Diese Mousse hält sich im Kühlschrank etwa drei Tage; ihr Geschmack intensiviert sich mit der Zeit. Sie können die Clementinen-Sauce im Sommer durch eine Erdbeer- oder Himbeer-Sauce ersetzen. Dafür einfach nur ein paar frische Früchte mit etwas Agavendicksaft pürieren und bis zum Servieren im Kühlschrank aufbewahren. Sie können die Mousse mit etwas Orangenblütenwasser verfeinern.

SCHOKOLADE

Die positiven Eigenschaften von Kakao können nicht oft genug erwähnt werden. Wir empfehlen die Verwendung von Rohkakao, damit der Organismus von den vielen wertvollen Vitalstoffen profitieren kann. Kakao hat antioxidative Eigenschaften, enthält Zink, Mangan, Eisen, Kupfer und Magnesium. Außerdem liefert er Energie und sorgt für gute Laune. Unsere hausgemachte Schokolade wird mit natürlichem, nicht raffiniertem Zucker gesüßt, und auch das verwendete Fett (Kakaobutter und Kokosfett) ist gut für die Gesundheit.

⊲ Für 4 Personen ⊳

Zubereitungszeit 20 Min.
Kühlzeit 45 Min.
Geräte Mixer, Pralinenförmchen aus Silikon

Für die weiße Schokolade
- 1 Vanilleschote
- 100 g Kokosfett
- 50 g Kakaobutter
- 100 g Kokosraspel
- 6 EL Agavendicksaft

Für die dunkle Schokolade
- 70 g Rohkakaopulver
- 100 g Kakaobutter
- 4 EL Agavendicksaft

Für die Milchschokolade
- 70 g Rohkakaopulver
- 50 g Kokosfett
- 50 g Kakaobutter
- 100 g Kokosraspel
- 6 EL Agavendicksaft

Für die Garnierung
- 1 EL Kokosraspel oder -chips
- 1 rote Chili, fein gehackt
- 1 EL fein geriebener frischer Ingwer
- 1 EL frisch geriebene Kurkuma
- 1 EL frisch gemahlenes Meersalz
- 1 EL geschälte Hanfsamen
- Orangenabrieb
- grob gehackte Haselnüsse oder andere Nüsse

● Für die weiße Schokolade die Vanilleschote mit einem kleinen Messer längs aufschlitzen und das Mark herauskratzen. Kokosfett und Kakaobutter in eine hitzebeständige Schüssel geben. Wasser in einem Topf zum kochen bringen. Die Schüssel daraufsetzen (das Wasser darf den Boden der Schüssel nicht berühren) und das Fett schmelzen. Kokosraspel, Vanillemark und Agavendicksaft zufügen.

● Mit einem Schneebesen über dem Wasserbad rühren, bis die Masse glatt ist.

● Die Garnierung Ihrer Wahl in die Silikonförmchen geben. Die Schokoladenmasse mit einem Teelöffel hineinfüllen, solange sie noch heiß ist.

● Die Zutaten für die dunkle und die Milchschokolade wie oben beschrieben verarbeiten. Die Schokolade 45 Minuten fest werden lassen, dann aus dem Förmchen lösen.

Info

Die weiße Schokolade hat eine etwas andere Textur als die dunkle Schokolade und erinnert in Aussehen und Konsistenz eher an weichen Sahnekaramell. Sie können statt Agavendicksaft Kokosblütenzucker verwenden, was der Schokolade eine feine Karamellnote verleiht.
Noch gesünder wird die Schokolade, wenn Sie zum Beispiel etwas Maca- oder Carobpulver in die Schokoladenmasse rühren.
Sie können die Schokolade mit Pfefferminzöl, Orangenblütenwasser oder Zimt geschmacklich variieren.
Die Schokoladen halten sich gut verschlossen bis zu zwei Wochen.

„STICKY TOFFEE"-EISCREME

Diese Kreation ist vom klassischen englischen Sticky Toffee Pudding inspiriert. Die Eiscreme ist sehr reichhaltig und sollte, wenn Sie auf Ihre Linie achten wollen, nicht jeden Tag und alleine verzehrt werden. Rohkostdesserts haben immerhin den Vorteil, da sie reichhaltig und sättigend sind, dass man sich meist schon nach ein paar Löffeln satt und zufrieden zurücklehnt.

Für 2 Personen

Zubereitungszeit 30 Min.
Kühlzeit 2 Std.
Geräte Mixer

- 5 Medjool- oder
  10 Deglet-noor-Datteln
- 1 Vanilleschote
- 20 g Korinthen
- 300 g Macadamianüsse
- 30 ml Agavendicksaft
- 1 EL Carob
- 1 TL Kokosfett

Für die Schokoladensauce
- 50 g Kakaopulver
- 350 g Agavendicksaft

- Die Datteln entsteinen und klein schneiden.

- Die Vanilleschote mit einem kleinen Messer längs aufschlitzen und das Mark herauskratzen.

- Datteln und Vanillemark mit den restlichen Zutaten in den Mixer geben und glatt pürieren.

- In einen gefriergeeigneten Behälter füllen und mindestens 2 Stunden tiefkühlen.

- Für die Schokoladensauce Kakao und Agavendicksaft im Mixer pürieren.

- In eine Quetschflasche füllen und kalt stellen.

- Die Eiscreme mit der Sauce servieren.

Variante
Das Rezept kann spielend leicht abgewandelt werden: Ersetzen Sie die Datteln zum Beispiel durch vier geschälte und in Scheiben geschnittene Bananen und verwenden Sie zwei statt einer Vanilleschote.

SCHOKOLADENPLÄTZCHEN MIT VANILLEFÜLLUNG

Nicht nur in den USA erfreuen sich Oreos, Doppel-Schokoladenkekse mit einer cremigen Vanillefüllung, großer Beliebtheit. Unsere Rohkostversion kommt bei Groß und Klein als Nachmittagssnack mit einem großen Glas Mandelmilch ebenfalls gut an.

Für 4 Personen

Zubereitungszeit 30 Min.
Kühlzeit 1 Std.
Geräte Mixer, runde Ausstechform (Ø 5 cm)

Für den Schokoladenteig
- 150 g gemahlene Mandeln oder Haselnüsse
- 100 g Kakaopulver
- 20 ml Agavendicksaft
- 1 Prise Salz

Für die Vanillecreme
- 1 Vanilleschote
- 100 g Cashewkerne
- 20 ml Agavendicksaft
- 2 EL Kokosfett
- Saft von ½ Zitrone

● Für den Schokoladenteig alle Zutaten in einer Schüssel vermengen, bis die Masse eine teigartige Konsistenz hat.

● Die Masse auf einer Arbeitsfläche ausrollen und mit der Ausstechform Kreise ausstechen.

● Die Teigkreise im Kühlschrank fest werden lassen.

● Für die Vanillecreme die Vanilleschote mit einem kleinen Messer längs aufschlitzen und das Mark herauskratzen. Mit den restlichen Zutaten in den Mixer geben und cremig glatt pürieren. Dann 1 Stunde kalt stellen.

● Die Schokoladenplätzchen mit der Vanillecreme zusammensetzen.

● Die Plätzchen bis zum Servieren kalt stellen.

Variante
Für 100%igen Schokoladengenuss können Sie bei der Cremefüllung den Zitronensaft durch 100 g Kakaopulver ersetzen.

REZEPTREGISTER

ZUTATENREGISTER

Pflaumen
Pflaumensaft mit Acai 80

Pinienkerne
Bruschettas 96
Nusskäseplatte 118
Sommerlasagne 58

Rettich
Phô – vietnamesische Suppe 56
Vegane Makis 84

Rosenwasser
Baklawas 43

Rosinen
Apfel-Birnen-Chutney 117
Gemüsemasala, Rettichreis
    und Raita 98
Kokosriegel 18
Mezze (Gemüsetaboulé,
    Falafeln, Zucchini-Hummus)
    32
Porridge 22
Rüblitorte 35

Rote Bete
Birnen-Bete-Saft 78
Rote-Bete-Hummus 89
Rote-Bete-Ravioli 122

Sellerie
Grünkohlchips 93
Leinsamencracker 92
Waldorfsalat 125

Sesamsaat
Leinsamencracker 92
Mezze (Gemüsetaboulé,
    Falafeln, Zucchini-Hummus)
    32

Sonnenblumenkerne
Auberginenkaviar 52
Burritos 94
Gefüllte Tomaten mit
    Basilikumsauce 65
Mezze (Gemüsetaboulé,
    Falafeln, Zucchini-Hummus)
    32
Pilzkaviar 91

Rote-Bete-Hummus 89
Sommerlasagne 58
Spinatquiche mit getrockneten
    Tomaten 126
Zucchininudeln mit Sauce
    Marinara 61

Spinat
Baklawas 43
Grüner Detox-Saft 23
Pad Thai 67
Phô – vietnamesische
    Suppe 56
Spinatquiche mit getrockneten
    Tomaten 126
Vegane Makis 84

Spirulinapulver
Grüner Gazpacho 26
Spitzkohl
Kimchi 114

Tahini
Komfort-Smoothie 25
Porridge 22

Tomaten, frische
Bruschettas 96
Burritos 94
Gazpacho mit Urucum 50
Gefüllte Tomaten mit
    Basilikumsauce 65
Gemüsemasala, Rettichreis und
    Raita 98
Grünkohlchips 93
Leinsamencracker 92
Zucchininudeln mit Sauce
    Marinara 61

Tomaten, getrocknete
Leinsamencracker 92
Mezze (Gemüsetaboulé,
    Falafeln, Zucchini-Hummus)
    32
Spinatquiche mit getrockneten
    Tomaten 126
Zucchininudeln mit Sauce
    Marinara 61

Urucumsamen
Gazpacho mit Urucum 50

Walnüsse
Baklawas 43
Brownies mit Carob und
    Rohkakao 36
Gefüllte Tomaten mit
    Basilikumsauce 65
Maracujatorte 40
Rüblitorte 35
Schoko-Himbeer-Torte 72
Sommerlasagne 58
Thailändische Frühlingsrollen
    und Krautsalat 28
Waldorfsalat 125

Wassermelonen
Melonen-Feigen-Sorbet 71
Sommer-Smoothie 48

Weißkohl
Burritos 94
Thailändische Frühlingsrollen
    und Krautsalat 28

Zucchini
Mezze (Gemüsetaboulé,
    Falafeln, Zucchini-Hummus)
    32
Phô – vietnamesische Suppe 56
Sommerlasagne 58
Zucchininudeln mit Sauce
    Marinara 61

Zuckermaiskolben
Burritos 94

DANKSAGUNG

Ich danke meiner Mutter, ohne deren kulinarisches Talent, Unbekümmertheit und Ungezwungenheit ich mich nie so fürs Kochen interessiert hätte.

Violaine Bergoin

Sophie Dupuis-Gaulier dankt Ayumi Iida für ihre Unterstützung in der Küche.

ISBN 978-3-517-09477-9

1. Auflage

© 2016 by Südwest Verlag, einem Unternehmen der Verlagsgruppe Random House GmbH, Neumarkter Str. 28, 81673 München

© der Originalausgabe „Raw Food – simplement crues": Hachette-Livre (Hachette Pratique) 2015; text by Violaine Bergoin, photos by Guillaume Czerw

Umschlaggestaltung: Atelier Versen, Bad Aibling
Innenlayout und Satz: Émilie Boismoreau
Artdirektion: Antoine Béon
Fotografie: Guillaume Czerw
Foodstyling: Sophie Dupuis-Gaulier
Herstellung: Elke Cramer
Projektleitung: Anja Halveland

Realisation der deutschen Ausgabe: trans texas publishing, Köln
Übersetzung: Lisa Heilig, Köln

Druck und Verarbeitung: Druckerei Theiss, St. Stefan im Lavanttal
Printed in Austria

FSC MIX
Papier aus verantwortungsvollen Quellen
FSC® C012536
www.fsc.org

Verlagsgruppe Random House FSC® N001967